José Manuel Sanz

IMPRESIONES
Escritos y dibujos

Sanz, José Manuel
    Impresiones : escritos y dibujos . - 1a ed. - Buenos Aires : Nobuko, 2012.
    160 p. : il. ; 21×15 cm. - (Textos de arquitectura y diseño)

    ISBN 978-987-584-372-1

    1. Arquitectura. 2. Dibujos Arquitectónicos. I. Título
    CDD 720.284

Textos de Arquitectura y Diseño

Director de la Colección:
Marcelo Camerlo, Arquitecto

Diseño de Tapa:
Vanesa Farias

Diseño gráfico:
Karina Di Pace

Foto de portada:
Jaime Sanz, *Ahmedabad (India), Sunday market*

Hecho el depósito que marca la ley 11.723

I.S.B.N. 978-987-584-372-1
Enero de 2012

José Manuel Sanz

IMPRESIONES
Escritos y dibujos

IMPRESIONES

Escritos y dibujos

Para Mamen y nuestro hijo Jaime, brillante nuevo arquitecto

*A mis alumnos, mis amigos y a todos aquellos que siguen pensando
que el mundo puede mejorarse y lo intentan.*

ÍNDICE

TEXTOS DE CONTENIDO DOCENTE

RONCHAMP

En el autocar que nos aleja de Ronchamp.

1 de noviembre de 2007

Tendría que haber estado aquí hace treinta y cinco años.
Nunca es tarde y tal vez he recuperado aquí parte de ese tiempo.

Tal vez uno de los más extraños valores de Ronchamp es que siendo una obra tan figurativa, tan concreta en sus formas precisas, sea capaz de provocar-convocar al desarrollo del pensamiento abstracto.

Pasa con la obra de Le Corbusier: Villa Saboya no es una casa tan confortable como Villa Mairea. La obra de Aalto es perfecta para ser feliz. Te sientas y recibes de la arquitectura y la naturaleza todos sus favores. Casi no necesitas poner nada de tu parte. La Villa Saboya obliga a participar. Más que una casa es una provocación para pensar en la casa.

Villa Mairea es la casa. La obra de Poisy todas las casas en las que podemos, podríamos, pensar. La diferencia entre un lugar para ser vivido y un manifiesto.

Ronchamp participa de ese mismo rango, aunque tal vez aquí, entre los múltiples significados, también reconozcamos una maravillosa capilla, un lugar para el espíritu. Para un espíritu superior.

La arquitectura transforma y es capaz de mejorar un paisaje. También lo contrario. Aunque lo parezca, no es fácil aportar algo positivo, crear un escenario distinto reconocible y con fuerza en un paisaje indiferente, homogéneo o caótico. Pero aún es más difícil cuando tu trabajo va a inscribirse en un lugar privilegiado, sólido, ya de gran belleza, donde podría pensarse que es mejor no hacer nada,

La colina de Ronchamp es uno de esos lugares privilegiados. El paseo que Le Corbusier dio con el padre Ledeur aquel 4 de junio de 1.950 –o tal vez antes, el 20 de mayo anterior, desde el tren Basilea-París– debieron proporcionarle datos, impresiones y desde luego intuiciones sobre la realidad arquitectónica que dominaría la colina, transformando este enclave en uno de los más bellos ejemplos para el culto arquitectónico. Durante aquel paseo y los dos días siguientes Le Corbusier dibujó la planta y la elevación principal del edificio casi tal como lo conocemos.

Como una fortaleza de arquitectura mediterránea, este Partenón moderno se eleva, distingue y hace sublime un nuevo paisaje.

LA BRISA NATURAL
Ahmedabad, 12 de marzo de 2009

Estoy sentado en el vestíbulo del A.T.M.A. (Sede de la Asociación de Hilanderos).

Obra de Le Corbusier.

Estoy en el centro del día (12.03 hora local) y el calor en la calle se deja sentir, pues estaremos aproximadamente a 33 ó 34 grados.

En este vestíbulo, espacio pasante entre la entrada –jardín delantero– y el jardín de atrás, más grande y lleno de sonidos de pájaros y ardillas, corre una brisa maravillosa que me llega por la espalda, según me encuentro orientado hacia la entrada. No solo no tengo calor sino que la placentera sensación que provoca esa leve corriente, invita a quedarse tranquilamente, dejándose refrescar cuerpo e ideas.

¡La sombra! ¡Los brise-soleil!, ¡los espacios pasantes profundos! ¡Qué lección de bioclimatismo y de arquitectura "sostenible" sin instalaciones!

Fuera de la palabreja *sostenible*, estos edificios son una lección de utilización de la sombra y el movimiento del aire entre temperaturas –y por tanto densidades– distintas. El aire se desplaza lentamente desde la fachada en sombra (fresca) a la bañada por el sol. Es también así en el benefactor invento del patio, tan común en los climas cálidos mediterráneos. Entendidos y recogidos por la arquitectura popular, de donde lo aprendió la culta y naturalmente Le Corbusier.

Sin duda estos sistemas tienen más sentido en climas casi permanentemente cálidos –como es el caso de esta zona de La India– o en las estaciones calurosas de los climas benignos. Este mismo espacio en invierno en Madrid podría resultar desagradable pero todo es cuestión de filtros; Le Corbusier emplea de forma muy inteligente los suyos: los brise-soleil suponen una primera barrera para el sol que choca contra ellos proyectando hacia el interior luz reflejada, de mucho menor poder calorífico. El sol resulta así domesticado, aprovechando de forma graduable su luz –también aquí hay invierno donde es necesario aprovechar la luz natural– y eliminando parte de la radiación directa, dejando estos espacios prestos a recibir las agradables brisas. No se utiliza una sola máquina que consuma

energía. Sin embargo, sentado en este vestíbulo, probablemente la temperatura no sea mayor de 26 ó 27 grados y la sensación térmica aún menor.

¡Qué pena que muchas normativas no permitan incorporar estos mecanismos sin ocupación ni gasto de superficie! Ese urbanismo de máximos y mínimos, al no permitir rescatar superficies para estos filtros, está provocando edificios de pieles tan compactas –y con frecuencia de tan difícil y artificioso aislamiento– que el espacio exterior es despedido sin contemplaciones, sin opciones para el diálogo con interiores como el que me acoge en estos momentos.

PASEO ENTRE LAS PIEDRAS Y LA LUZ

Con motivo de un viaje con alumnos de la Escuela a Oporto para ver obras de Álvaro Siza Viera y Soto de Moura en 1995

Hace muchos años que realizo viajes de estudio con alumnos de la Escuela.

La experiencia de estos años demuestra el valor incalculable que tiene, para el aprendizaje, este encuentro con la realidad de la Arquitectura en las ciudades y edificios que hemos visitado. Más aún, si como suele ocurrir se trata de edificios o ciudades de los que se tiene un conocimiento previo a través de publicaciones, con fotografías, planos, textos, etc... o de trabajos realizados sobre los mismos.

A veces se ha criticado el empleo de tiempo –siempre escaso dentro de los cursos– para estas actividades e incluso se ha tratado de obstaculizar su realización. Sería un error. Veo difícil encontrar un tiempo más útil ni mejor empleado.

El contacto directo con la realidad urbana o construida supone la experiencia real del espacio arquitectónico desde dentro del mismo. Nos rodea la ciudad o el edificio, estamos dentro del hueco y nosotros formamos parte de él. En un tiempo corto, a veces con un simple movimiento de cabeza, podemos captar una enorme cantidad de aspectos, datos y caracteres que conforman el espacio que se abre a nuestro alrededor. Obtenemos sin embargo una percepción global de este espacio, que se muestra distinto a lo que conocíamos de él y nos sorprende.

Es posible que unas fotografías llenas de intención o un comentario inspirado nos revelen sus aspectos más significativos o sus hallazgos más brillantes pero sólo esa percepción sensitiva completa nos permitirá captarlo en toda su dimensión y adueñarnos de sus secretos.

Está claro que no me refiero sólo a la percepción visual. Es imposible entender Venecia sin la leve bruma que nos humedece y matiza los colores o sin el chapoteo constante de las barcazas y las góndolas. O Nueva York sin las humaredas de las alcantarillas y ese pregnante e indefinible olor a rosquillas fritas mezclado con amarillas bocinas. Tampoco los espacios de nuestras catedrales sin su sagrada polución de incienso de todos los siglos, entre la penumbra y el sonido lejano de algún tropezado

banco, empeñado en permanecer hasta que otro le releve. Mucho menos aún la Alhambra, con todos los sentidos juntos, aunque ordenados por una misteriosa poética.

Tampoco el más reciente edificio.

Es necesario estar allí y sentir todas esas cosas. La realidad del espacio y el entendimiento de lo que nos rodea se desvela lentamente ante la sensación, la observación y la pregunta. El dibujo nos ayuda a fijarnos y descifrar la forma, convirtiendo cada trazo en una duda y una afirmación. En un porqué.

Relacionamos las dimensiones de los objetos y de los espacios con nuestra propia dimensión y comprendemos su escala.

Recorremos estos últimos y percibimos las relaciones entre cada uno, el anterior y el siguiente y así, a través del movimiento, adquirimos una nueva dimensión secuencial de la Arquitectura y la comprensión de la estructura del espacio, convirtiendo nuestros pasos en medida de distancia y de tiempo.

Escuchamos el efecto de esos pasos y de nuestra propia voz dentro de ese espacio y entendemos mejor lo lejano o cercano de su contorno. Cualquier olor característico puede anclarse en un lugar muy perenne de nuestra memoria.

Vemos como la luz modela las formas y tensiona los vacíos, para frenarnos o sugerir el recorrido, explicándolos y permitiendo que captemos sus significados, al tiempo que nos revela las cualidades de la materia que los conforma o construye, que deviene de este modo en algo táctil.

Advertimos sus límites y la forma en que un hueco intencionado los prolonga para incluir otras presencias.

No es sólo esa dimensión inaprensible de la totalidad de la realidad lo que justifica y hace insustituible su experiencia.

La razón esencial es que esa percepción, esa experiencia, es personal. Se desvela a cada uno con matices distintos, con intensidad diversa en aspectos diferentes, filtrada a través de la personalidad y experiencias anteriores de cada uno.

El intercambio con la realidad se produce constantemente en la esfera personal.

Mientras percibimos estamos relacionando continuamente con otros conocimientos y contenidos almacenados en nuestra memoria.

Transformamos nuestras sensaciones en conceptos y a la inversa. Estructuramos la realidad aprehendida en una teoría sobre lo observado, en la búsqueda de su comprensión global.

Ese carácter personal y subjetivo de la experiencia no impide la búsqueda del contraste o los lugares comunes con las experiencias de otros; antes bien lo hace comunicable e intercambiable dentro del grupo, normalmente de forma espontánea, Se enriquece así no sólo el aprendizaje sino la comunicación entre sus miembros, favoreciendo la estructuración del pensamiento y el lenguaje en el desarrollo de la capacidad dialéctica, pero también el conocimiento de los demás,

He señalado hasta el momento las principales razones pedagógicas o de estrategia docente que nacen de estos viajes de estudio, un instrumento de gran valor para el aprendizaje y experiencia de la Arquitectura.

A nadie se le oculta su enorme importancia desde el punto de vista del conocimiento y comunicación personal.

En una sociedad que presiona hacia el individualismo y la competencia –según el modelo económico de la eficacia y el éxito– todo esfuerzo por favorecer la creación de objetivos e ilusiones comunes y el deseo de compartirles será poco. El conocimiento y la relación con los otros convierte al individuo en persona (el que resuena en otros) y al grupo en conjunto de personas sociables que se enriquecen mutuamente.

Oí a Antonio Gala recientemente que su palabra preferida era esperanza.

Si la esperanza es nuestro dardo benéfico lanzado al próximo siglo, mi experiencia al convivir con gente joven (sus protagonistas) en estos viajes, alimenta esa esperanza sin recelo.

Igual que ocurriera el pasado año en Venecia, el ambiente del grupo ha sido este año extraordinario.

La mayor parte de sus componentes pertenecían a mi grupo de alumnos o a otros grupos de la unidad docente, pero no todos. Algún no arquitecto enriquecía los puntos de vista. Entre los integrantes figuraban tres estudiantes alemanes y tres polacos procedentes de los intercambios Erasmus. Muchos no se conocían previamente.

Desde el primer momento hubo un proyecto y una ilusión en común. También una responsabilidad compartida. Después, muy buena comunicación y una convivencia exquisita. Al final mucha amistad y un magnífico recuerdo. No podía ser de otra forma.

Si en las visitas a los distintos edificios mi protagonismo fue, afortunadamente, relativo –por la actitud activa de la gente, pero en ocasiones inevitable– en la convivencia normal deseo siempre ser uno más y así me sentí, gracias a la madurez y naturalidad de mis compañeros de viaje.

Si el hilo conductor del curso de Proyectos han sido temas relacionados –desde diferentes enfoques– con el río Manzanares, en Madrid: el viaje nos ha conducido cruzando otros ríos por Extremadura (Guadiana) Portugal (Tajo y Duero) y Galicia (Miño y Sil).

Con diferentes tiempos de estancia y dedicación anduvimos por Trujillo, Cáceres, Mérida, Evora, Lisboa, Aveiro, Coimbra, Oporto, Vila do Conde, Santiago y Coruña.

Aunque la obra de Álvaro Siza era nuestro principal objetivo, pudimos visitar conocidas obras de otros arquitectos como el Museo de Bellas Artes, de Gallegos y Aranguren (Cáceres) el Museo de Arte Romano de R.Moneo (Mérida) el puente de S. Calatrava (Mérida), la Facultad de Geociencias (Aveiro) y el centro de las Artes (Oporto) de Souto de Moura, el Museo de Gregotti (Lisboa) y el edificio de R.E.E. de A. Perea (Coruña). En esta ciudad tuvimos la oportunidad de visitar el Nuevo Museo de Bellas Artes junto al Convento de las Capuchinas (aún no inaugurado) mostrado por su propio autor, Manuel Gallego Jorreto, a quien debemos agradecer su gentileza, así como a las gestiones realizadas por mi amigo el arquitecto Joaquín Fernández Madrid, profesor igualmente de la E.T.S.A de La Coruña, para esta visita y la que realizamos en su compañía al Museo de Santiago.

Cubrimos los objetivos previstos sin demasiados ahogos aunque el tiempo siempre se hacía corto. Nos hizo un tiempo esplendido. No hubo, por fortuna, ningún problema importante.

Las páginas que siguen en esta memoria contienen una selección de reflexiones, cometarios y dibujos realizados por los estudiantes. Se centran exclusivamente en la obra de Siza, para limitar su ámbito a nuestro objetivo principal y controlar su extensión.

A su través tal vez podamos captar las impresiones recibidas en este viaje y de esta Arquitectura. Todos nos hemos sentido participes de su emoción y orgullosos de haber elegido este oficio.

En la memoria quedan muchas cosas, muchas más de las que somos conscientes. Recordemos tal vez el debate espontáneo en algún lugar de cualquier edificio, tras una fuerte impresión: la fiesta en las calles de Santiago: o esas múltiples figuras a contraluz sobre las rocas de Matosinhos quietas frente al atardecer, buscando tal vez el sosiego necesario para asimilar emociones tan intensas o dejándose sentir la presencia de un mar que no puede explicarse: ¿puede dorarse el azul? Sí.

PROYECTO
6 de mayo de 2007

Un proyecto es una interpretación del mundo.

Surge ciertamente de una necesidad de otros, de la satisfacción de los objetivos de otros. Es importante conocer bien esas necesidades y objetivos, incluso para discutirlos con fundamento.

Pero todo se filtra e interpreta por nosotros y es imposible desvincularlo de nuestro *conocimiento* y de nuestra propia *experiencia vital*. Precisamente esas son dos referencias sin las cuales el proyecto se convierte en capricho.

Conocer; saber todo lo que seamos capaces del tema que nos proponen, de la gente a la que va dirigido, del lugar donde se incluye. Indagar en su origen, su evolución, cómo otros han sentido e interpretado casos similares.

Experiencia vital; si un escritor no puede escribir sin haber vivido, nosotros tampoco podemos hacer arquitectura. Me refiero a la experiencia activa que te hace crecer con cada persona que conoces, con cada impresión, con cada situación, con cada paisaje, no a la experiencia del ya saber que nos lleva a acomodarnos y a repetirnos.

(Chillida: prefiero la experimentación a la experiencia.)

Por lo tanto en todo proyecto es esencial ese carácter *vital*, *interpretativo* y *propositivo*.

Cuando nos encargan un colegio, desde ese conocimiento y experiencia, tendremos que proponer *lo que nosotros creemos* que tiene que ser un colegio. Cuando trabajamos en una ciudad, en un enclave, en un paisaje, nuestro proyecto propondrá *nuestra transformación del lugar*.

Será importante saber-conocer qué ha sido, es y puede ser un colegio en el medio humano en el que se inscribe para ofrecer nuestra propuesta personal con fundamento, pero también recordar cuando fuimos niños, nuestra vida de niños y en cierto modo, tratar de volver a serlo.

Para poder *imaginar su transformación* será importante conocer el lugar (espacio, historia, gente...) en el que vamos a trabajar, pero también volver a habitar en el recuerdo nuestros mil lugares, paisajes y gentes.

Nosotros ponemos imágenes de cómo será el resultado antes de que exista, el proyecto *habita en nuestra cabeza* antes que nadie lo vea. Utilizando nuestros recursos expresivos: dibujos, modelos, montajes, tratamos de captar y descifrar nuestras ideas y hacerlas legibles para tenerlas delante, crear la mínima distancia imprescindible y poder pensar sobre ellas. *Para afirmarlas o corregirlas.*

Nuestras intenciones así formadas van revelándose en una propuesta, que aparece indecisa y fantasmal al principio pero que va afirmando sus líneas poco a poco. (Otra vez Chillida.)

La consideramos aceptable cuando nos parece que responde fielmente a todas (es difícil) o a lo esencial de nuestras intenciones. Me parece muy importante que la propuesta, en su imagen, en sus espacios, refleje con claridad, materialice, esas intenciones. Lo que quieras decir, dilo con fuerza.

Nuestra propuesta tendrá de *racional* el *conocimiento*, que la alejará del capricho y la acercará al *deber ser*. Tendrá de *creativo* nuestra apuesta personal, nuestra interpretación del mundo, nuestro sueño imaginado.

Tal vez lo aparentemente irrelevante adquiera protagonismo, lo periférico explique mejor un fenómeno. *(Baudelaire: si quieres hablar de la rosa, no la menciones...)*

En ese momento creativo toda libertad, toda falta de adicción, es poca, debemos estar dispuestos a encontrar lo inesperado, a desvelar lo esencial oculto.

> *Dejaros escuchar vuestro silencio*
> *Dejad que poco a poco afloren*
> *Los murmullos de lo profundo*
> *De lo auténticamente vuestro*
>
> *Un día descubrimos que un color*
> *Puede ser mil colores que la luz no nos dejó ver*
> *que la penumbra revela mucho más que los brillos*
>
> *Un día descubrimos que un sonido son mil sonidos*
> *Que solo podemos descubrir*
> *desde la penumbra del silencio*
>
> *Callar y escucharse.*
> *Acallar tanta palabra y disponerse a distinguir*
> *Nuestro propio latido.*

Proyecto: disciplina y oficio

Claro, resulta que los edificios no solo hay que idearlos, concebirlos desde nuestras intenciones e imaginación.

Es necesario organizarlos y construirlos.

Cualquier idea concebida, para convertirse en edificio, necesita resolverse a través de un sistema constructivo cuya misión es dar respuestas inapelables a la necesidad de vencer la gravedad –*estructura*–; resolver eficazmente una envolvente sujeta a la anterior –*cerramientos, cubierta*–

que ofrezca soluciones adecuadas a las condiciones del medio –iluminación, ventilación, viento, humedad, temperatura–; y contener un sistema de redes –*instalaciones*– que proporcionen medios artificiales para la habitabilidad y las comunicaciones.

Pero, además y antes, un edificio es un organismo y por lo tanto necesita una *organización interna*, es decir una relación entre las partes que lo componen y una proporción adecuada de cada uno de los espacios en función de los usos previsibles.

De esta manera el edificio responderá en su funcionamiento a las previsiones de sus fundadores. (Como las intenciones fundacionales de las ciudades, para Aristóteles). Deberá llegarse por tanto a cada espacio por lugares lógicos y proporcionados, sin estorbos ni interferencias para los demás, teniendo en cuenta las capacidades y los usos, su temporalidad, (simultaneidad, alternancia, etc.).[1]

Podemos analizar un poco todo esto:

Lo que está claro es que a los edificios hay que entrar y una vez dentro moverse para dirigirse y acceder a los distintos espacios con sus usos.

Comenzaremos por la ENTRADA:

La entrada es una de las palabras más claras y contundentes que un edificio nos dirige cuando nos acercamos a él. Si su volumen, forma y fachadas ya nos han contado cosas sobre su inclusión en el lugar, sobre su carácter, importancia y destino, la entrada debe confirmar todas nuestras impresiones.

Oiza decía algo así: *Una casa tiene una puerta de una hoja, que abre hacia adentro y una Institución una puerta de dos hojas que puede abrirse completamente* (añadiríamos que hacia fuera, por la evacuación). Estaba haciendo alusión a la puerta como signo, naturalmente.

Efectivamente la entrada, coloquialmente *la puerta*, es un signo del edificio, de su carácter doméstico o institucional, privado o público.

---

[1] Estas afirmaciones tiene un valor relativo y son más válidas para obtener una disciplina de proyecto que para juzgar un edificio: un buen edificio trasciende su uso inicial, tiene valores significativos que están mucho más allá de sus cualidades utilitarias.

La *puerta* enseguida habla –por tamaño y signo– de ese carácter y además de la importancia del lugar que abre o cierra. Pensemos en las grandes puertas de las catedrales o los templos orientales (del tamaño del dios que albergan) pero también en las puertas de las ciudades –la puerta de la Justicia de la ciudad palatina de la Alhambra puede ser un ejemplo– o de los palacios de los reyes o príncipes, que casi siempre han cedido a la tentación de sentirse ellos mismos dioses.

Está claro que la función de entrar solo necesita –y suele tenerla– una puerta más pequeña para el tamaño de las personas a pie (ahora) o a caballo (antes) lo que explica el tamaño no demasiado pequeño de algunas puertas hasta entrado el siglo XX, cuando los coches, más bajos, empezaron a sustituir a los carruajes. Hoy seguimos disponiendo puertas intermedias para garajes y almacenes, normalmente desprovistas de toda significación.

Además de hablarnos, por tamaño y signo, de la dignidad del edificio, las puertas suelen mostrarnos su condición de barrera de privacidad o de ofrecimiento a ser traspasada. En el segundo caso la puerta quiere ser imperceptible, no mostrar obstáculo, limitándose a resolver un cierre térmico. Pase, pase, parece querer decir y, aunque el paso en si sea más reducido, suele mostrarnos generosamente el interior, para convencimiento de los indecisos. Esto suele darse en los establecimientos comerciales y en centros culturales públicos aunque en unos y otros exista, casi imperceptible, un riguroso control para que nadie se lleve lo que no es suyo.

El tamaño de las puertas y de los elementos de circulación interiores tiene mucho que ver también con las formas y ritmos de utilización: En un edificio de oficinas, en un centro comercial, en un teatro o en un estadio, el tamaño de las puertas es función del momento de la salida –simultánea y tal vez tumultuosa– más que de la entrada, más dispersa y pausada.

El lenguaje de las puertas es a veces intenso y sutil: En el patio del cuarto dorado de la Alhambra aparecen, en lugar de una puerta de acceso al Palacio de Comares (palacio del rey) dos puertas idénticas y simétricas respecto al eje virtual de la fachada. Las dos aparecen abiertas y dejan ver una pared oscura al fondo. ¿Por cuál entrar? Sólo una, la de la izquierda, permite entrar al Palacio. La otra devuelve al intrépido a la sala del Mexuar por la que ya había pasado. La indecisión, la oscuridad y el terror de encontrarte probablemente al guardián del alfanje tras el recodo, producen un efecto mucho más persuasivo que una puerta cerrada.

Entremos al edificio:

Desde este momento el edificio nos cuenta su realidad, comenzamos a entenderlo.

El edificio aparece ante nosotros mostrándonos unos elementos principales de atención, distinguidos de los secundarios. Es un momento importante pues esos elementos supondrán la orientación de nuestro movimiento; entramos buscando algo, intentando encontrar algo. La luz es esencial en ese momento pues nos revela la materia que nos permite valorar las formas, los colores, las texturas y por tanto las proporciones, las distancias. Podremos distinguir los elementos significativos, las circulaciones principales, las escaleras...

Es clásica la distinción entre espacios servidores y servidos. Los segundos, espacios finales principales a los que nos conducen los recorridos. Espacios contenedores de los usos esenciales del edificio. Los servidores nos llevan a ellos: vestíbulos, escaleras, galerías, distribuidores, pasillos...

Hasta el último cuarto del siglo XX esa diferencia ha sido clara; En las arquitecturas antiguas y clásicas esta distinción se veía favorecida porque la estructura resistente, a base de muros y columnas alineadas, establecía una identidad con la estructura espacial, siendo más fácilmente reconocibles en su diferencia dichos espacios servidores y servidos. Pero incluso en esas arquitecturas la belleza y el valor arquitectónico estaban frecuentemente en los primeros. ¡Cuánta calidad en pórticos, columnatas, claustros, galerías o patios! Incluso podríamos distinguir los grandes edificios por la gran importancia y calidad de sus espacios servidores, aparentemente secundarios en el programa. En muchos casos además, ¡qué difícil es distinguirlos! En una basílica romana, en un espacio bizantino, en una catedral gótica, se funden sin solución de continuidad.

El movimiento moderno aún heredó aquella distinción, incluso la tomó como axioma, pero, además, debe recordarse cómo las entreguerras y posguerras, con sus dificultades económicas exigieron especial eficacia y sencillez a las soluciones. El sustento teórico y la gran arquitectura producida en estas épocas son, en buena parte, producto de estas circunstancias limitativas.

Sin embargo las posibilidades estructurales que proporcionaban las nuevas tecnologías y materiales permitirían ir liberando la planta y la sección de esas ataduras, lo que se vería favorecido por el desarrollo y la bonanza económica posteriores.

El camino de la planta libre, iniciado por el Corbu, produce una progresiva pérdida de la identidad entre estructura portante y estructura espacial. A las grandes luces, siempre crecientes, se une la posibilidad de mayores vuelos de los cuerpos de edificación. Las losas y las estructuras multidireccionales –paso decisivo– permiten incorporar más fácilmente las líneas oblicuas a la planta, liberándose de las alineaciones y des-figurando, por tanto, las "cajas estructurales y espaciales" características de las arquitecturas precedentes.

A finales del XX la tensión oblicua (ya teníamos algo o mucho en Borromini y sus coetáneos) se incorpora a la sección más allá de las leyes de descarga de las estructuras nervadas. Ya no solo construimos con líneas y planos oblicuos en planta sino también en sección, de modo que la propia planta y sección pierden vigencia como instrumentos de estudio y representación de una arquitectura que se concibe con instrumentos espaciales más eficaces. Sin el ordenador es imposible comprender estos nuevos fenómenos y sus posibilidades.

Todo o casi todo puede construirse pues hay programas y capacidad de cálculo, aunque exige un grado de especialización tan exigente y de tal complejidad técnica y normativa que se va produciendo paulatinamente una separación entre la generación de la arquitectura y su resolución técnica, a menudo en manos de otras profesiones y gabinetes de especialistas.

De nuevo la bonanza económica (todo esto es bastante más caro) favorece esta situación y las grandes empresas pueden pagarlo. Este hecho hace también que los políticos vuelvan a utilizar, como en épocas pretéritas, la arquitectura como propaganda y medio de expresión de poder, favorecidos por una sociedad acrítica y pasiva, adormecida en el disfrute de su bienestar económico y que solo ve los problemas reales del mundo como noticias de un telediario.

Se sucede el espectáculo de las inauguraciones de edificios atrevidos y carísimos, sobre todo en las proximidades de los periodos electorales (Gracias a la necesidad de generar noticias para los infinitos medios de comunicación estos periodos son prácticamente permanentes).

Como las catedrales en las emergentes ciudades del XIII o los palacios en la sociedad renaciente clásica, aparecen nuevos iconos arquitectónicos en las ciudades, que compiten entre sí disputándose las más famosas firmas de arquitectos.

Este artículo fue escrito para mis alumnos en la primavera del 2007 y algunas de las circunstancias económicas que describe han cambiado ya en el verano del 2008, cuando lo releo para incluirlo en esta publicación.

¡Pero volvamos a nuestro interior!

Es necesario un orden aunque éste sea más complejo y no tan evidente:

Para que los usos no se estorben, las circulaciones no se entremezclen y el funcionamiento no acabe siendo caótico[2] (lo que arruinaría los objetivos para los que el edificio se construyó) es necesario que exista una cierta estructura de espacio y para ello resulta imprescindible establecer al menos una organización básica de zonas principales y secundarias, públicas y privadas, de gran uso o de uso circunstancial o de servicio. Lo accesorio y secundario debe "empaquetarse" situándolo en las áreas menos adecuadas para usos principales.

La posición de las grandes líneas de circulación y de las comunicaciones verticales se convierte en estos edificios en algo aún más esencial que en los antiguos pues pasan a ser prácticamente los principales (y a veces únicos) elementos ordenadores del conjunto.

Sea como sea la arquitectura, sean rectos u oblicuos sus planos y líneas definidoras, siempre habrá en todo edificio algunos "lugares comunes" generadores de orden y referencias:

- Una forma de entrar.

- Un espacio primero, de carácter vestibular, explicativo y distribuidor aunque en determinados edificios puede fundirse con otros usos.

- Ese primer ámbito mostrará las circulaciones principales y secundarias, horizontales, verticales u oblicuas que permiten orientarse y

---

[2] Encontraremos también defensores del caos pero no me parece en cualquier caso un camino recomendable para el aprendizaje.

continuar el movimiento. El edificio debe comunicar todo esto sin
necesidad de carteles, si es posible.

- Los espacios de llegada en los diferentes niveles deberán ser explicativos de las circulaciones principales y secundarias del nivel.

- Habrá una diferenciación clara entre los espacios de uso público o común, los espacios restringidos-privados y los espacios de servicio (publico-aseos) o internos (instalaciones-almacenes).

De la misma forma que resulta estratégico ubicar bien las circulaciones y escaleras también lo es empaquetar y situar correctamente en espacios secundarios los elementos de servicio.

La percepción del espacio arquitectónico está ligado a su recorrido. En esa secuencia captamos expansiones y compresiones tanto dimensionales como lumínicas, con la misma importancia.

Tendemos a ir hacia LA LUZ (tropismo positivo, como las plantas) por eso hacia la luz suelen identificarse las direcciones principales de movimiento común o público mientras que las circulaciones hacia la sombra se identifican como secundarias o de servicio. Por eso es bueno que una escalera o una rampa asciendan hacia la luz o que una luz lateral oriente los giros en las articulaciones (llegadas de escaleras, distribuidores, nudos).

Un espacio ancho, frontal o ligeramente oblicuo respecto a la dirección que llevamos se identifica fácilmente con una circulación principal ocurriendo lo contrario con los estrechos o que se muestran en recodo.

En espacios principales solo debe haber puertas principales y las secundarias descubrirse dentro de los pasos o rincones secundarios. Una puerta pequeña y de poca significación en un espacio importante o al final de una visión principal suele constituir un error. Esa correspondencia de escala y significación entre los elementos arquitectónicos es un factor disciplinar de importancia.

En la llegada o salida de una escalera o ascensores o donde se concentran algunas puertas, siempre debe existir un espacio mayor articulador. Es un buen punto para descubrir algún lugar de interés dentro o fuera del edificio. Esos nuevos puntos de interés pueden resultar decisivos para crear nuevas orientaciones o referencias.

LA LUZ es el principal elemento articulador. La principal materia. Explica y orienta el movimiento, acentúa y cualifica los materiales. La luz norte es más inmaterial, inunda los espacios sin dibujar sus límites.[3] Es una luz fría, azul. Los vidrios abiertos al norte resultan transparentes, pues están a la sombra y permiten mirar hacia fuera las cosas iluminadas. La luz directa de sol es una luz sólida. Cálida y alegre. Vitaliza los espacios. Dibuja planos, figuras y fondos, permite leer las distancias. Es necesario protegerse de sus reflejos y contraluces. Si queremos que un cristal con orientación de sol sea transparente tenemos que incorporar una marquesina que lo deje en sombra. Es interesante mezclar luces en los espacios.

Un espacio vacío no es un espacio mejor necesariamente ni siquiera habitualmente. Los elementos arquitectónicos (pilares, muros) ayudan a crear referencias escalares, relaciones figura-fondo, luces y sombras que permiten entender el espacio y hacerlo nuestro más fácilmente.

La naturaleza, textura y color de los materiales, sus líneas de despiece, acentúan las intenciones del espacio. Un pavimento de despiece transversal ayudará a frenar el movimiento cuando el espacio lo merece o deseamos disimular su estrechez, o a la inversa.

La vista recorre los edificios antes que nuestros pies. Resbala o se frena en las texturas, es atraída por las luces o los colores brillantes y acompañada y sosegada por los tranquilos y neutros. Cuando una textura, un cuadro, una escultura, necesita ser visto con detalle debemos preparar un espacio no demasiado grande para que eso sea posible. En los espacios grandes deben dominar los planos neutros y aparecer los signos de continuidad hacia otros espacios.

La unidad de material hace envolvente el espacio y dibuja los volúmenes mientras que los cambios de materiales o cualidades en los distintos planos proporciona un carácter más pictórico a la arquitectura (el neoplasticismo tuvo su orígen en pintores).

---

[3] La luz envolvente, desde todas las orientaciones y tonos, junto a la desmaterialización que proporcionan los mosaicos es la magia del arte bizantino. San Vital en Ravenna es un maravilloso ejemplo.

El sonido forma parte del espacio. Una catedral no lo sería sin el retumbar de un banco removido. Ni un bosque sin el rumor de un río cercano o el roce de las ramas, el viento, los pájaros...

Los olores forman parte del espacio. En cierto modo es el sentido que más se recuerda. Rememoro fácilmente la casa de mi abuela en el olor a gatos de los patios donde jugaba de pequeño.

El tacto forma parte del espacio. Tocamos con la vista y no está mal tocar también con nuestras manos los materiales. Es muy bello sentirlos.

El buen gusto debe estar siempre presente en todos los detalles.

Construir

Luego está el construir. El conocimiento del oficio, de las técnicas y materiales. Se aprende poco a poco. Sobre todo viendo, participando, preguntando y tratando de entender. No hay que tener prisa en esto.

Para construir un edificio, para construir los sueños del proyecto es necesario conocer (ir conociendo) las técnicas constructivas. Comparo esto con un escalador que sueña con subir al Everest. Es una locura, pero es su locura, su ilusión, su intención, su sueño. No bastará sin embargo con una voluntad de hierro. Tendrá que prepararse física y psicológicamente a fondo. Realizar ejercicios aproximativos de respiración en altura para acostumbrase a gastar poco oxígeno ante el esfuerzo. Tendrá que adquirir una técnica depurada de escalada, primero en roca y luego en hielo. Tener un buen equipo (y ganar antes dinero con otra actividad para comprarlo).

Todo tiene carácter instrumental pero es imprescindible dominarlo para olvidarse de la técnica y disfrutar del sueño.

Tened paciencia y disfrutad de todos vuestros sueños.

ADECUACIÓN Y BELLEZA

Escrito en diciembre de 2010 para el blog: taller.jmsanz *de mi grupo de proyectos de la ETSAM*

Cuando estudiamos un proyecto, cualquier proyecto, el análisis y la comprensión de todas sus exigencias, condicionantes y requisitos funcionales, que tienen en la razón (pensamiento y estudio) y en la experiencia (propia y de los demás) su principal apoyo, son de la mayor importancia para no equivocarse. Digamos que es la componente de ADECUACIÓN de nuestro trabajo. Tiramos con pólvora ajena y conviene que respondamos con algo útil a quien pone su ilusión y su dinero en nuestras manos para que le resolvamos algo que necesita y que no sabe cómo hacer. Eso da sentido y contenido social a nuestra profesión.

Pero es evidente que esa "solución" no agota nuestro trabajo sino que más bien comienza a partir de ahí. La razón "arma" un esqueleto funcional que permite que un coche se mueva o que un edificio pueda ser usado con comodidad y sentido común pero no compramos un coche solo porque ande de forma duradera (damos por supuesto que si no es así no nos sirve) ni vivimos un edificio solo para circular, sentarnos o poder ir al baño.

Afortunadamente somos mucho más que todo eso. Somos unos seres encantadores que sentimos y nos emocionamos con la amistad, la compañía y la presencia de otros y también nos emocionamos y sentimos la belleza natural. La Arquitectura (y la ingeniería en un coche, en un puente) pone en nuestras manos la magia de poder realizar artificios que, además de útiles, estén también cargados de belleza y puedan llegar a emocionarnos. En todas las épocas hemos sido capaces de hacer esto y no hace falta que os recuerde los miles de ejemplos maravillosos de lo que estoy diciendo.

Construimos en una ciudad o en un paisaje y, aunque no quisiéramos, lo transformamos. Depende en buena parte de nosotros que esa transformación aporte algo positivo a ese lugar. Que lo haga más bello (aunque siempre habrá opiniones). Emocionar no es fácil. No muchos lo consiguen pero, ¿por qué no intentarlo?

Por tanto la componente de BELLEZA de nuestro trabajo es también esencial para nosotros. Su percepción es distinta para las personas y también cambia con los lenguajes y las épocas aunque en esto es también conveniente aprender a mirar y ver. Me puede emocionar igualmente un esclavo de Miguel Angel que una pieza de Chillida aunque probablemente cada uno despierte rincones distintos de mi sensibilidad.

Por tanto en todo proyecto –en todo edificio, que para eso proyectamos– hay, debe haber, una VOLUNTAD PLÁSTICA Y DE CREACIÓN DE BELLEZA en su formas y sus espacios, que nuestra principal materia, la luz, se encargará de revelar si la dejamos adentrarse en los vacíos y la manejamos hábilmente. Dentro de la idea que cada uno pretenda desarrollar aparecerán por tanto todas las posibles componentes de la forma sólida y de los espacios (vacíos) (forma, proporción, serenidad o movimiento o ambos, ligereza o gravedad, transparencias, opacidades, materiales, texturas, color, etc.) todo aquello que es capaz de despertar en nosotros una percepción a través de todos nuestros sentidos y... tal vez... emocionarnos. La emoción estética existe en todas las artes y en la medida en que manejamos estos resortes una parte de nuestra profesión es también artística y por tanto creativa.

Hay contenidos de esa creatividad –los más profundos– que son intemporales como antes decía. Pero pertenecemos a nuestro tiempo. Me puede emocionar –lo hace– un texto de Shakespeare, pero si hoy quisiéramos decir lo mismo no lo diríamos como él. Tenemos los lenguajes de nuestro tiempo, que cambian más rápidamente que nunca y que es necesario conocer e investigar.

Una de los aspectos más apasionantes de la arquitectura es esa relación entre la IDEA que se quiere transmitir y la FORMA de ser expresada (leer a Louis Kahn: Idea e Imagen), que intenta entender las palabras de su tiempo hasta desarrollarse en todos sus detalles.

El Guggenheim de Gehry en Bilbao, el de Wright en Nueva York y la Fundación Beyeler de Piano en Basilea son tres museos. Los tres son edificios justamente celebrados pero yo admiro especialmente de los dos últimos esa intima relación entre la idea y la forma en que se expresa. Del edificio de Bilbao mucho más –es mucho– su capacidad de aportación a la transformación urbana y su valor escultórico y menos esa relación comentada, pues su expresión parece valer igual –marca de la casa– para un parque infantil o unas bodegas.

Es evidente que no es lo mismo una escuela que un almacén con pupitres aunque se pueda calefactar, cumplir todos los Códigos Técnicos, llevar a los chicos y darles clase. La buena arquitectura intenta siempre ese algo o mucho más en el que acabamos reconociéndonos y disfrutando todas nuestras capacidades y emociones. Entonces queremos ir allí y quedarnos. Como en la Escuela de Siza en Oporto.

SIGNIFICADO. IDEA Y DISEÑO

Marquesina finalista del Concurso para el Metro de San Sebastián.

Cuando Cervantes se plantea cómo expresar un determinado significado: la dualidad existente en todo ser humano: razón-sentimiento, sueño-realidad, ilusión-realismo, atrevimiento-sensatez, etc., etc., está tratando de transmitir una idea. Pero la idea literaria, el diseño que inventa para esa expresión es la doble figura de Don Quijote y Sancho.

Las ideas que pretendemos conseguir en nuestro edificio –para lo cual tenemos que hacernos antes muchas preguntas para entenderlo todo bien y saber lo que vamos a pedirle que sea– necesitan un diseño capaz de sintetizar esas ideas. Necesitamos un Quijote y un Sancho –o un Hamlet que exprese las dudas del ser humano, o un Ulises que tenga que ganarse su derecho a volver a Ítaca, etc.– Detrás de cada obra literaria (buena), plástica (buena) de cada película (buena) hay unas ideas y significados que se quieren transmitir. (En las malas frecuentemente no hay nada aunque a veces entretengan o diviertan.) La película, la obra, son el vehículo sintético que el autor ha encontrado (su Quijote) para transmitir esos significados. El "diseño" (palabra un poco ambigua que significa dibujo y también designio) en este caso arquitectónico, es la formalización creativa de lo que se quiere transmitir.

El lunes podemos comentar todo esto.

ESPACIO CONSTRUIDO

Conferencia en CEU Arquitectura. Departamento de Construcción, 2003. La charla estaba apoyada con imágenes de pintura, escultura, arquitectura y algún ejemplo musical que se citan en el texto.

Quiero aprovechar esta oportunidad para intentar explorar el significado de lo que entendemos por construcción en Arquitectura.

Lo vamos a hacer, si me lo permitís como estrategia, estableciendo el paralelismo, una línea de comparación, con otros campos creativos como son la Literatura, la Música y las Artes Plásticas. Cómo se elaboran y construyen los productos artísticos en estas distintas actividades creativas.

En nuestra profesión muchos se inclinan por el peso de los contenidos técnicos y otros ponen sin embargo el acento en su componente artística pero nadie puede negar realmente que lo que entendemos por Arquitectura, con mayúscula, es el resultado de un proceso creativo. En todo proceso creativo hay una componente técnica y una componente artística.

Mirándonos en el espejo de otros campos tal vez podamos encontrar en su reflejo explicación o claridad sobre algunas de nuestras dudas.

Nos haremos acompañar en este camino de una referencia conceptual y creativa tan valiosa para nosotros como representa la obra de Eduardo Chillida, uno de los artistas más importantes de nuestro tiempo, desaparecido recientemente. Si entendemos comúnmente que la materia y la luz que la revela, materia en sí misma, son nuestros medios para construir la arquitectura, difícilmente podremos encontrar mejor referente.

Sobre escultura Lurra G 258 de Chillida

Chillida define muy sencillamente el concepto de construcción:

"Construir es edificar en el espacio".

Pero él lo afirma como definición de Escultura y de Arquitectura.

[*Mesa de Giacometti I Chillida*]

Jorge Oteiza. *Caja metafísica.*

Añade:

"Hay que concebir el espacio en términos de volumen plástico, en lugar de fijarlo con ayuda de líneas en la superficie imaginaria del papel. Yo no puedo imaginármelo más que en tres dimensiones".

[*loemariaquer IX*]

"De ahí recibe su estructura la forma. Esta deriva espontáneamente de las necesidades de ese espacio, que se construye su morada como el animal que elige su caparazón. Al igual que este animal, yo soy también, dice, el arquitecto del vacío."

[*Caja metafísica de Jorge Oteiza*]

Tal vez esta obra de Oteiza explique con claridad este concepto.

Somos, siguiendo a Chillida, por tanto, constructores de vacíos. Exploramos los límites de esos vacíos para definir el espacio.

Kosme de Barañano importante analista de su obra reflexiona muy lúcidamente sobre los principales conceptos contenidos en la obra de Chillida:

[*Gasteiz. Chillida*]

Concepto de *límite (y de espacio)*:

El sentido del espacio se con-forma en el juego de límites, en su interrelación. Crear un lugar significa poner límites, delimitar introduciendo un espacio o vaciándolo.

[*Mendi Huts I Chillida*]

Concepto de *vacío (y de silencio)*:

La energía visual del vacío. Chillida sabe que también el material del escultor es el vacío como para la música es tanto el sonido como el silencio.

En la obra de Chillida la energía del vacío adquiere la categoría de signo. Un vacío que está dimensionado por espacios no creados. En palabras de Marguerite Yourcenar:

> *"Un vacío que, como el silencio que sucede a los acordes, no tiene nada que ver con un silencio atento, es un silencio vivo".*

O como escribe Mauricio Sotelo analizando la dimensión musical de la obra de Chillida:

> *"El vacío es, como el silencio, refugio de la espera, lugar de lo posible abierto a lo posible y en ese instante ya estancia vibrante de la más pura interioridad"*

[*Homenaje a Goethe. Chillida*]

Jose Ángel Valente, el gran poeta también desaparecido recientemente, nos habla de la obra de Chillida:

> *"Chillida realiza un retorno a la "unidad simple" que conlleva la trasgresión del límite sobre todo en el tratamiento que da al alabastro. Su trabajo consiste en facilitar la penetración de la luz en lo profundo de la materia misma de tal manera que ésta engendra, penetrada por la luz, su propia forma.*
>
> *Entrada en la materia; abolición del límite. No sabría decir el receptor de la obra dónde termina el alabastro y dónde empieza la luz. La unidad de ambas se realiza en la mutua o sola transparencia". (J.A.V.)*
>
> *"Algunas de las esculturas de Chillida se presentan como estructuras cerradas, cuando en realidad rodean, cercan, la íntima, última, profundidad infinitamente abierta de un espacio interior. Chillida es un gran creador de interioridad". (J.A.V.)*

La interioridad, el espacio, vuelven a aparecer estos conceptos que tanto nos interesan como arquitectos.

[*Gora Bera II. Chillida*]

Concepto de materia (los materiales y el espacio del tacto) y de escala:

> *"'El auténtico material es el espacio'. El hierro solo tiene que ser el medio, la cuerda y el arco que le ayuden a conseguir la resonancia."*

[*Elogio de la Arquitectura II*]

> *"La escala es una cuestión de energía interna, de funcionamiento entre densidad y potencia.*
>
> *Cada escala tiene su norma, su contexto y su filosofía. Cuando algo, un boceto, un modelo, se concibe con un tamaño y luego se cambia, pierde su escala natural y es necesario modificar algo, como las correcciones visuales de los artífices griegos en sus templos, para recomponer la percepción de la belleza.*

Un hombre no es un niño grande ni un niño un hombre pequeño. La belleza de la más armónica y mejor proporcionada modelo se perdería si midiera 2,20 metros."

Fijémonos en lo que construyen los artistas plásticos, los escritores, los músicos y los arquitectos y podremos entender las semejanzas entre el papel en blanco, el papel pautado del compositor, el lienzo o la materia virgen antes de ser transformada. Ellos trazan signos, dibujos, incisiones que precisan ser descodificados.

Escribe Giordano Bruno:

"La verdadera filosofía es tanto música o poesía como pintura; la verdadera pintura es tanto música como poesía; la verdadera poesía-o música es tanto pintura como cierta divina sabiduría"

[*Neruda. 20 poemas de amor*]

Descodificar la literatura parece por lo común sencillo pues el escritor, desde el vacío de una hoja en blanco, emplea signos para formar palabras que pertenecen a un conocimiento común, que aprendimos desde la escuela. Enlaza las palabras utilizando reglas sintácticas. Con las palabras cuenta las ideas o construye las historias de sus personajes. Otra cosa es que estemos seguros de entender lo que a través de esos personajes y esas historias quiere transmitirnos, de descifrar sus *intenciones* y captar su mensaje. Es puede ser especialmente difícil en el lenguaje poético.

[*Partitura de Misa en si menor de J. S. Bach*]

Los signos de la Música y el lenguaje que se forma con ellos son evidentemente de uso menos común, no forman parte, por desgracia, de nuestras enseñanzas básicas, pero necesitan igualmente ser descodificados para desvelar su traducción a sonidos - las palabras del músico.

[*Mujer con boina*]

La pintura se sirve de dibujos, texturas y colores y emplea utensilios. El escultor está en contacto y manipula la materia. Es afortunado al percibir lo que la materia transmite.

Es muy difícil la interpretación de la obra plástica pues su construcción expresa un complejo mundo de vivencias del artista a través de un lenguaje muy personal cargado de simbolismo. Ocurre lo mismo con la Música.

Nosotros, los arquitectos, utilizamos dibujos y modelos, no tan fáciles de interpretar como pensamos y mucho menos por los ajenos a nuestro oficio.

Representan por lo común *intenciones* más allá de lo evidente, algo imaginado que solo habita en nuestra cabeza y de lo que el dibujo solo es una leve aproximación figurativa, cargada también de símbolos personales. Esto es muy claro en los bocetos y croquis de trabajo y menos en los trabajos terminados porque han de ser recibidos e interpretados por otros.

Nuestro trabajo se basa en la necesidad de dar respuesta al espacio habitable a partir de unas condiciones concretas y en ese sentido encuentra más dificultades para la libertad creativa.

Es justamente en la interpretación de las obras que producen, donde estos campos creativos divergen:

El escritor y el artista plástico ofrecen directamente su producto a la lectura –contemplación-interpretación– del destinatario de su obra. De sus manos nos llega un producto terminado, sin que podamos considerar normalmente la imprenta o la fundición como partes del proceso creativo.

No ocurre así con la Música ni con la Arquitectura.

[*Partitura de Stabat Mater de Poulenc*]

La Música compuesta se construye en los ensayos, donde se ensamblan sonidos, armonías, ritmos, tempos, etc. Lo hacen unos intérpretes. Esta mediación nos hace recibir y percibir las intenciones y el mensaje del compositor *filtradas por la personalidad del intérprete* quien, a partir del documento original, acentúa y resalta los aspectos más cercanos a su sensibilidad o a la de su época. Estará servida la eterna cuestión sobre lo objetivo o subjetivo de esa interpretación.

A nosotros nos construyen otros los proyectos. Es una mediación de una gran complejidad y con frecuencia muy dilatada en el tiempo.

Por eso nuestro deseo es siempre dirigir las obras que proyectamos. Aunque otros no lo entiendan, *sólo esa presencia garantiza la interpretación correcta de lo imaginado. Más aun, sólo de esta forma completamos lo que está en nuestra cabeza, solo de esta forma podemos transmitir lo que late más allá de los dibujos y que tenemos necesidad de confirmar o revisar.* Como repite Álvaro Siza, el proyecto solo se acaba con la obra terminada y aún más allá, con las vivencias del usuario.

El director musical, el intérprete, hace su versión de la intención del compositor. (Incluso el compositor puede variar su obra como Antón Brückner, modificando versiones de sus sinfonías).

La obra musical puede interpretarse miles de veces. La obra de arquitectura es única.

Podríamos aún señalar otra diferencia no pequeña. Las obras literarias y las musicales son indestructibles. Las obras plásticas, si cuentan con un reconocimiento, obtienen una protección tanto física como legal. Las obras de arquitectura siempre están en peligro pues ni siquiera cuentan con esa protección. La Ley de Propiedad Intelectual protege la propiedad de dibujos y maquetas, seguramente por no molestar a los todopoderosos intereses inmobiliarios, no está protegida la obra realizada, los edificios, como si del Guernica solo se protegieran sus bocetos.

Hasta aquí las diferencias.

Pero hay algo común a todas las acciones artísticas. En todo acto creativo late una cosmología y una antropología, *una interpretación del mundo y del hombre, particularizada e intensificada en un momento, en un lugar, en el motivo que desencadena la acción.*

En todos los casos utilizamos instrumentos para hacer realidad esa interpretación. El escritor, el poeta, utiliza la palabra y no cualquier palabra sino aquellas palabras que explican mejor, más clara y más profundamente lo que quiere decir. A veces, lo más importante es lo que se dice, el interés del mensaje, *pero lo que le hace poeta es cómo lo dice, las palabras que emplea y la inspiración que hace que hasta el mensaje más conocido o recurrente nos llegue profundo, intenso, fresco y nuevo.*

[*Poema de Lorca*]

[*Lacrimosa del Réquiem de Mozart*]

El músico hace lo mismo con los sonidos. La técnica compositiva, las leyes de la armonía, o su rechazo, enseñan al músico a enlazar los sonidos, el conocimiento de los recursos tímbricos y expresivos de los instrumentos o de la voz, le permite hacerles hablar y hacernos llegar las *intenciones* del compositor. Sin ese conocimiento y sin ese dominio técnico la torpeza se sobrepondría a las intenciones y las dejaría sordas, como alguien que quiere decir algo y no encuentra las palabras. Pero no se trata de unir sonidos bellos ni de emplear palabras biensonantes en discursos sin contenido. ¡Cuánto hay de esto! Son muchos los que han conocido las técnicas y los instrumentos y relativamente pocos los que han logrado conmovernos. ¿De dónde surge la energía que nos hace emocionarnos al escuchar esas páginas de Bach, de Poulenc, de Mozart? (o de Lennon o Dylan). Como si algún tipo de orden revelado, de vibración descubierta por ellos nos hiciera entrar en resonancia con su inspiración original. ¿Por qué nos conmueve la poesía o una descripción literaria? ¿Por qué nos quedaríamos parados toda una tarde ante un cuadro de Monet? ¿Por qué sentimos tan bella la Ville Savoie?

Lo que ocurre es que el artista ahonda en el mundo y en el ser humano, en sus raíces, en sus orígenes, buscando sus límites, *seguro de que en esos límites, en la cercanía del abismo, descubrirá ese punto de encuentro que nos permitirá reconocer y reconocernos en lo esencial. Eso que llamamos arte, lo que hacen los artistas; encontrar en el origen y en el límite de las cosas sus verdades ocultas para desvelarlas. Es ese reencuentro el que nos emociona.*

[K. de B.]

> *"La Música surge entre un silencio y otro, de ese silencio absoluto cargado de tensión y lo va con-formando. De esa trasgresión original del silencio, de esa energía inicial que trabaja el vacío o que se acumula sobre el blanco del lienzo surge la obra y su intensidad".*

[*Elogio de la Arquitectura IX. Chillida*]

Las palabras y los sonidos de los arquitectos son los materiales, la materia con la que construimos los espacios de arquitectura, nuestros personajes,

Eduardo Chillida. *Elogio de la Arquitectura IX.*

incluida la principal, la luz natural, capaz de revelar, modificar o activar todo lo demás. *La luz introduce el tiempo en el vacío y con él, la profundidad y las tensiones oblicuas del espacio.*

Las ideas buscan un espacio donde anidar y echar raíces, tienen voluntad de permanecer. *Pero de nuevo será la inspiración del cómo hacer, el encuentro con un orden capaz de arraigar, disponer y enlazar esa materia lo que dará sentido y naturaleza al espacio, a ese vacío construido.* Lo que permitirá que la idea, hecha espacio, sea transmitida y captada.

Los condicionantes y la lenta producción de la Arquitectura hacen más difícil que los sonidos y las palabras inspiradas del arquitecto lleguen frescas hasta nosotros. Nada es tan inmediato como en la vigilia de un pintor o un poeta. Pasan meses o años y cambiamos o nos cambian. A veces queda sin embargo algo o mucho de aquel aliento inicial.

Se mostraron aquí algunas imágenes de trabajos del estudio

El músico, el artista plástico, el escritor, estudian las técnicas para liberarse de sus ataduras y superar sus límites. Las técnicas no son un fin en sí mismas. La técnica constructiva, el conocimiento de un material es tan importante para el arquitecto como para el escritor conocer y enriquecer su palabra, como para el compositor explorar los recursos tímbricos y expresivos de un violín o un clarinete.

Para el arquitecto el conocimiento de los requisitos y las exigencias medioambientales, de la economía y de las posibilidades tecnológicas de la materia le permiten liberar su mente y superar la técnica, convirtiéndola en el instrumento para realizar sus ideas.

Nuestra actividad requiere conocimientos complejos y con muchas facetas pero naturalmente resultaría infantil pensar que fragmentar el estudio de la Arquitectura en distintos aspectos para facilitar su explicación por profesores especializados pudiera derivar en separar la *construcción* o cualquier otro aspecto como una disciplina distinta. Solo hay Arquitectura. Sólo el cristal de la Arquitectura. Los fragmentos en que lo rompemos para ahondar en el conocimiento son solo eso, fragmentos de un todo. Estaremos acertados en su consideración, estudio y planteamientos didácticos en la medida en que no olvidemos que cada fragmento debe recordar y explicar el todo del que procede.

Podemos someter a análisis el problema de una cubierta, de una placa estructural o del movimiento del aire en un conducto, es cierto, pero no podemos olvidar nunca que cada uno de esos conocimientos tiene como objetivo hacer posibles, habitables y duraderos los espacios que imaginamos y su solución, por tanto, informada como parte inseparable del mismo aliento creativo.

Sin la idea que alienta la construcción del vacío, que explora los límites del espacio, ningún material, ninguna construcción construye nada.

[*La montaña de Tindaya. Chillida*]

Se pregunta Chillida:

"¿Existen límites para el espíritu?

¿No son la construcción y la poesía componentes esenciales de todas las artes?"

Como si le contestara, le contesta José Ángel Valente...

"El espíritu es la metáfora de la infinitud de la materia.

La matriz de la creación es la nada o, dicho de otro modo, la creación de la nada es el acto que precede a toda creación. El artista ha de volver una y otra vez al origen —. La nada no es una carencia, es toda la posibilidad o seminalidad del ser."

En *Tindaya* el tema es crear un lugar extrayendo la materia pero introduciendo otra esencial, *la luz*.

[*Tindaya, luz de luna*]

Toda creación brota de una oscura matriz original donde se abriga palpitante cuanto no conocemos. De ahí que esa entrada en lo oscuro carezca de orientación predeterminada. Y de ahí, que sólo quepa la respuesta afirmativa a la penetrante pregunta de Chillida:

"¿No será el paso decisivo para un artista el estar con frecuencia desorientado?"

Dice Chillida:

"Al alba conocí la obra. Puede ser de mil maneras, pero solo de una."

Y terminaré con esta bella, pretendida, respuesta de Jose Ángel Valente, poeta que nos ha acompañado en esta reflexión en voz alta:

[*Tindaya, solsticio*]

"Lenta, muy lentamente, cede la sombra paso al leve vuelo de la luz. Sólo entonces, después del radical descenso a lo oscuro, supimos lo

*que nos había sido dado: la materia y la revelación de sí que es la forma.
La forma, bien sabemos, no es algo sobre impuesto; esta generada por
la materia misma que se revela en ella .Para crear hay que llegar al
fondo, al fondo de lo oscuro. Lo que emerge después de tal descenso es
la obra y solo entonces la conocemos, en el recién dibujado borde de
una aun trémula luz."*

[NOTAS]

"Volé tan alto, tan alto que le di a la caza alcance." (San Juan de la Cruz)

Según Jacques Dupín la obra de Chillida se mueve impulsada por la energía de la oposición
de contrarios, que estarían separados solamente por un estrecho vacío intersticial. Ese vacío,
la nada, el abismo, el no lugar, ese vacío intersticial es donde la tradición mística sitúa a Dios.

*"Extender hacia atrás el alcance de la memoria, marcar la piedra, forzarla y vencerla para
que tomase cuerpo aquello que en el mito solo tenía nombre." (Tomas Llorens).*

Tal vez en Arquitectura todo consista en distinguir que es *lo sólido* —espacios que precisarán
entrar desde un fuera y que necesitan esporádicamente luz para ser utilizados— y *lo vacío* —
espacios a los que hay que salir desde un dentro y que son sustancialmente atravesados,
naturalizados por la luz. (J.M.S.)

MITO: Del griego *mythos*, fábula, ficción alegórica. Relato o noticia que desfigura lo que realmente es una cosa y le da apariencia de ser más valiosa o más atractiva.

*Mitos: teogonías, cosmogonías, antropogenias, mitos de dioses y seres sobrenaturales, de
héroes, el mito de la redención, (el del dios muerto y escapado del Hades que dio lugar a las
religiones histéricas (Osiris, Balter, Adonis...) y también Jesucristo. Mitos de la vida, de la
muerte, del fin del mundo, etc.*

METÁFORA: Tropo que consiste en trasladar el sentido recto de las voces a otro figurado en
virtud de una comparación tácita.

*Las perlas del rocío, la primavera de la vida, refrenar las pasiones, el hombre es un lobo para el
hombre, etc.*

UN INTENTO DE ACLARAR COSAS...
Comentario en el blog del taller

Estáis trabajando en el proyecto... y tratando de expresar vuestras ideas en maqueta para que podamos *verlas*, *contrastarlas* y *discutirlas*...

No hay demasiadas cosas colgadas pero lo que veo me sugiere este comentario por si os viene bien:

Tenéis muchas referencias... la información es en sí misma positiva... conocer lo que se hace es importantísimo... nunca ninguna generación de futuros arquitectos ha tenido tanto donde mirar... pero espero que *no os olvidéis de mirar hacia dentro de vosotros*... la mirada hacia fuera –que debe servir para reflexionar y como desencadenante de nuevas ideas– está siendo felizmente enriquecida... sin embargo... la mirada hacia dentro está siendo lamentablemente empobrecida.

... Miraos en el espejo... ¿a quién veis?... *¡sois vosotros!*... sois estupendos... pero si seguís mirando hacia atrás os convertiréis en estatuas de sal. Eso sí, os pareceréis a no sé quién... lánguidas sombras de no se quién... clones derretidos de no sé quién... *me interesa eso muy poco para vuestra formación*... todos aprendemos de todos... todos admiramos a... porque lo hacen bien y porque nos hacen pensar... y aprender algo *para nuestra formación*. También para la mía pues aspiro a que no pase un solo día sin aprender algo. Yo soy seguramente mejor arquitecto que muchos otros y peor que otros tantos *¡pero soy yo!* y en mí está todo lo aprendido de mis maestros y *de todo lo que he sido capaz de conocer. Pero nada de eso me hubiera formado como arquitecto sin una elaboración propia, sin una experimentación propia, sin sufrir y gozar en cada paso...*

Aprovecharos de lo que tenéis... ¡pero no para sustituiros! Esta es una profesión maravillosa que seguro que os hará pasar malos ratos pero que se harán inapreciables frente a los momentos espléndidos.

Ilusionaros, disfrutad... comeros el mundo... *¡es vuestro!*

Recordad cuando alguien os decía... en el colegio por ejemplo... sintetizad el contenido de tal libro... sintetizad el significado, las intenciones de aquella pintura... sintetizad las impresiones que os provoca aquel paisaje... sintetizad las emociones y los sentimientos que os produce aquella música...

(Tal vez por desgracia no os lo hayan pedido nunca porque la educación en este país, con pocas excepciones, deja bastante que desear...).

Sin embargo, la síntesis de aquel texto, aquellos significados, intenciones, emociones, sentimientos... *son las ideas que subyacen en ese libro, en esa pintura, en esa música.* Pensad en ello porque tenéis una confusión enorme sobre lo que es una idea o argumento arquitectónico. Toda idea se compone de un contenido –intención, significado... lo que se quiere decir, y una forma de hacer. *No hay poesía sin intención... pero tampoco hay poesía sin palabras. Ambas deben reforzarse mutuamente.*

Una idea arquitectónica es aquella capaz de conjugar algo que decir con una forma expresiva y clarificadora de decirlo. Y no os olvidéis que nuestras palabras son los materiales y nuestra sintaxis la forma de utilizarlos y enlazarlos.

Volúmenes, cajas, maclas, envoltorios, composiciones... jerga de un pensamiento debilitado. Todos los proyectos tendrán esas cosas, pero no son eso, no son eso.

A nadie se le ocurriría confundir una música de Mozart con la funda de la carpeta de la partitura, ni siquiera con el dibujo de las notas musicales. Hay una forma, bellísima, que responde a una intención, escrita con notas en una partitura y que se guarda en una carpeta.

Eso que nos emociona es la Música... y la Arquitectura.

¿CÓMO SE MIRA HACIA DENTRO?
ESTA ES UNA PREGUNTA CON UNA DIFÍCIL
RESPUESTA GENÉRICA

Esa es una pregunta con una difícil respuesta genérica, más bien personal... pero intentaremos acercarnos con el ejemplo,

De un cuento inventado...

En un lugar aislado y tranquilo, defendido de ruidos y otras molestias para el pensamiento y el espíritu se había dispuesto todo para un curioso experimento:

Había cuatro espacios exactamente iguales, apenas perceptibles sus límites, difuminados en todo caso por la penumbra.

En tres de ellos había un grupo numeroso de individuos, el otro permanecía vacío. Los individuos permanecían en una actitud cómoda sin que nada les estorbase para vivir la experiencia.

A través de imágenes y sonido envolventes iban a percibir estímulos de acontecimientos, paisajes, novedades técnicas, curiosidades, silogismos y acertijos, emociones, arte...

El primer espacio estaba ocupado por individuos aparentemente iguales. Se trataba de humanoides o algo parecido, que habían sido en todo caso programados para ser perfectos, con la más alta cualificación. Algo así como los *alpha* del *mundo feliz* de Aldous Huxley. Su aspecto era impecable. Su tiempo inexistente o eterno, su color, gris de acero pulido, brillante.

El segundo de los espacios lo ocupaban un grupo de gentes sencillas, procedentes del medio rural. Había incluso algunos pastores. Tenían experiencias vitales limitadas, destiladas de una cotidianidad repetitiva, como marcada por unas pautas inviolables. Su tiempo, lento y lleno de pausas. Su color era el de las tierras y los árboles. Sus casas nunca fueron otra cosa que tierras y árboles manipulados por manos rudas.

El tercero lo habitaba un grupo inquieto y al principio bullicioso, típico de tribu urbana de muchos países, japoneses y chinos incluidos, bastantes universitarios, gente muy, muy, informada en todo caso, al día, de su tiempo. Un tiempo rápido, a veces frenético. Su color, los millones de colores de la paleta de su PC.

Un ordenador, mediante los sensores colocados a cada uno de aquellos variopintos habitantes y a través de un complejo y sofisticado programa, recibía y descodificaba sus reacciones. Los resultados, no obstante, deberían ser interpretados y valorados por tres grupos de expertos, que elegirían a los individuos que, perteneciendo a cualquiera de los grupos, fueran elegidos para mejorar el mundo:

El primer grupo de expertos lo formaban *interesados espectadores de lo social y conformadores de lo político.*

El segundo estaba formado por *futurólogos y entusiastas celebradores de los signos de todas las modernidades.*

El tercero por *educadores normalmente optimistas que aun no habían perdido la paciencia, pero casi.*

El cuarto espacio, vacío e inicialmente idéntico, se transformaría en luz para recibir a los ganadores, para los elegidos para tan alta responsabilidad.

Las respuestas de los programados pseudohumanos del primer espacio fueron las reacciones que todos esperaban, grises aceradas, frías y lógicas, consecuentes con aquello para lo que habían sido preparados, sin dudas ni crítica alguna. Todas idénticas.

El segundo grupo expresaba inicialmente dudas, inseguridad, sorpresa e incluso miedo ante lo desconocido. Pese a todo, echando mano de sus limitadas experiencias pero de hondas y arraigadas convicciones expresaba reacciones espontáneas de perfiles firmes y definidos. Sencillas como ellos. Solidarias, caseras, del color de la tierra y de los árboles.

Costó callar al tercer grupo acostumbrado al bullicio urbano. Además, a una parte de sus componentes, no a todos desde luego, les parecía todo aquello una inutilidad porque nada haría cambiar las cosas.

Creían saber más que nadie de todo, utilizaban decenas de medios para comunicarse, captar información, intercambiarla con *amigos*, veían películas hechas con la más alta tecnología, disfrutaban de toda clase de eventos, mecanismos y medios. Cada una de estos millones de cosas dejaba una huella de cada uno de los millones de colores disponibles. Los colores se posaban como escamas sobre su piel conformando un festivo mundo multicolor de perfiles indefinidos, imprecisos. El viento del tiempo se llevaba deprisa las escamas sin raíces, que enseguida eran sustituidas por otras también provisionales. Pocas cosas traspasaban la piel para enraizarse. El tiempo, devorador, apenas dejaba huellas.

Los expertos se enfrentaron a la difícil tarea de elegir:

Los *políticos* deseaban que el grupo finalmente elegido estuviera conformado por una mezcla razonable –palabra muy política– entre los *humanoides* y los *urbanos*: para controlar a los primeros solo hacía falta dar a un botón. Para hacer lo mismo con los terceros, eligiendo con cuidado a los individuos por si acaso, eso sí, podía no hacer falta ni eso. Dado el perfil difuso y poco arraigado de sus convicciones y su escepticismo confeso podían resultar fácilmente manipulables.

Del segundo grupo no querían ni oír hablar. Eso de las convicciones... igual les daba por defenderlas con el bastón, quita, quita...

A los expertos *entusiastas de toda modernidad* tampoco les hacía mucha gracia los de pueblo a los que consideraban el pasado, a quien no merecía la pena escuchar. Hacían un guiño positivo al primer grupo de humanoides porque, en su asepsia, representarían un futuro basado en la tecnología – nuevo dios– y en una objetividad que les parecía... hasta democrática, un robot, un voto, pensaban.

¡Qué decir del tercer grupo!, ¡el suyo! representante de todas sus creencias y depositario de todo avance... pertenecemos a un mundo nuevo, el de un nuevo siglo, el tiempo rápido, la apariencia rápidamente sustituida por otra es nuestro signo, las huellas no importan... un día las escamas aun sin raíces, cuajarán y estaremos todos recubiertos de una nieve nueva, ahora multicolor... Con cuidado de no seleccionar a los dudosos, elegiremos a la mayoría urbana con algún que otro robot simpático como los de *la guerra de las galaxias*. El futuro será por lo menos... divertido.

El grupo de los *educadores*, preocupados por una derrota casi segura que no dejaba de entristecerles, buscaban la forma de convencer a los demás de que el mundo necesitaría en el futuro de individuos, ellos les llamaban personas, con fuertes convicciones y raíces, capaces de resistir los fuertes vientos que acechaban, que arrastraban arenas de superficialidad, de apariencia, de falta de compromiso y de actitudes pusilánimes. De todo aquello que había impedido que el mundo resolviera sus problemas más profundos y que acentuaba la injusticia y las diferencias entre unos y otros.

Decidieron apoyar la elección de algunos robots como instrumentos para que todos tuviéramos más tiempo para otras cosas más interesantes.

Decidieron apoyar a los más animados de los sencillos para enseñarles con esfuerzo las mil cosas que ignoraban y para que sirvieran de ejemplo a los demás en su firmeza y convicciones.

Decidieron apoyar a los más conscientes de los urbanos para que pusieran toda su energía de futuro al servicio de una humanidad que necesitaba avanzar en sus propósitos y en sus soluciones.

....

No os diré el resultado del experimento porque aún están en ello y me han dicho que necesitan vuestra opinión, vuestro apoyo y vuestro compromiso.

Si miráis dentro de vosotros os encontrareis con vosotros mismos:

Con vuestras vivencias –cuanto más ricas mejor– con vuestros afectos –cuanto más sinceros mejor– con vuestro deseo de conocer cuánto os rodea y emocionaros cuando así lo sintáis.

De ese equipaje, el de dentro y el de fuera surgen las ideas verdaderas... vuestras. Serán originales... para vosotros. Serán legítimas porque las habréis hecho propias, tan profundas como arraigadas estén en vosotros vengan de donde vengan. Nada es prestado cuando ha sido comprendido y hecho propio.

A partir de ahí... imaginad vuestros sueños arquitectónicos y dibujad... imaginad y dibujad... imaginad y dibujad... que las cosas tengan los colores de la tierra y los árboles y que vuestros nuevos colores tengan raíces...

Un abrazo, disculpad si esto ha sido un poco largo y trabajad para el lunes con más ilusión que nunca. Va a ser un curso estupendo, ya veréis.

UN POQUITO DE ALMA... POR FAVOR

Antes que nada perdonad una cierta dureza en la crítica pero soy vuestro profesor (sabemos que es difícil, no dejaremos de animaros y resaltaremos también vuestros aciertos).

Leyendo a veces vuestros textos y viendo el proceso que contáis sobre vuestras propuestas: referencias, bocetos, maquetas, etc., se podría pensar que más que estudiantes de arquitectura lo sois de una nueva disciplina: lectores de revistas de arquitectura o en el mejor de los casos: degustadores de arquitectura, o, por elevación, críticos.

¡Comensales (eso sí de restaurantes de lujo) más que cocineros!

No lo digo por las referencias-información de arquitecturas o eventos, que me parece magnífico y nosotros también lo hacemos. Lo digo porque proyectáis como tratando de anticipar un resultado –de forma más precisa, como tratando de *asegurar un resultado*.

(Esto es un mal síntoma, porque a las claras prioriza como objetivo el valor del *resultado* (propio de un comensal o de un crítico) por encima de la *investigación personal, la implicación y el riesgo* (propio del que trata de aprender y formarse, *construirse*), pero, además, (esto es lo más preocupante), lo hacéis considerando, casi siempre, sólo aspectos geométricos, volumétricos... y alguna vez texturales, pero menos...

Las propuestas parece que tratan de obtener valores propios del objeto visible (desde fuera, y casi siempre desde una vocación de pájaro):

volúmenes, tiras, bandas, niveles, vuelos, torres, pastillas, plataformas, piezas, remates, rígidas, blandas, onduladas, largas, cortas, estructuras, tensores, gestos industriales, sueltas, enlazadas, unidas, separadas, en U en H en L, en tallarines, en brochetas, en lasañas, ciegas, transparentes, elevadas, tendidas., rectangulares, paralelas, oblicuas, rectas, torcidas...

(tomado, más o menos, con algún añadido comestible, de los textos de vuestras explicaciones) más que visitable o recorrible (por dentro de, por fuera, o desde dentro hacia fuera, o desde fuera hacia dentro).

Y en casi ningún caso valores del espacio habitable: el hecho de estar (estable, tiempo), usar (utilidad, adecuación), disfrutar los espacios (sus cualidades en relación con nuestra sensibilidad y capacidad de percepción).

Ni siquiera el fuera (el lugar) se utiliza como paisaje, historia, cultura, sino simplemente como *un suelo, con una forma*, donde depositar vuestro "objeto".

El que haya visto Ronchamp como un objeto, *no ha entendido nada*.

El que haya visto el Rolex Learning Center, como un objeto, *no ha entendido nada*.

En ambos, si bien de forma muy distinta, anidan ¡y de qué manera!, valores del espíritu, es decir del ser humano. Ese ser que apenas aparece en vuestros dibujos (lo que podría ser fatídico signo de que tampoco aparece en vuestros pensamientos)

y que espero que no confundáis con las figuritas de la biblioteca de autocad o similares.

No todo se arregla al final con unos montajes o con el Photoshop: aunque parezca que nos empujan a lo contrario (publicaciones, necesidad de obtener imágenes exitosas para los concursos, etc.), la arquitectura es para el ser humano y no al revés.

(No creo que haya buenas ideas arquitectónicas para habitantes muertos (salvo que proyectéis cementerios y ni aún en ese caso). ¡Llenad de vida vuestros espacios!

Expresar bien o de forma brillante una buena idea arquitectónica (es decir ideada para ser vivida con felicidad y de forma sensible por los seres humanos), que pueda encerrar *aspectos formales o conceptuales novedosos*, es otra cosa.

Espero vuestra reacción.

Un poquito de alma... por favor.

CONVERSACIÓN. COMENTARIOS EN EL BLOG CON EL ALUMNO RAFAEL GONZALEZ DEL CASTILLO

Rafael González del Castillo dijo... 22 de abril de 2011, 03:38

R. del C. Creo que un proyecto no nace de un solo camino, sino de varios. Casi todos empezamos por un camino geométrico, que posiblemente sea impuesto por un método de trabajo aprendido.

Pero (sigo diciendo que creo), creo que todos tenemos en mente a un usuario que va a disfrutar y a sentirse cómodo en nuestro proyecto de manera más satisfactoria, más o igual que otros proyectos ya existentes (sino para qué proyectaríamos, copiaríamos y listo).

__J.M.S.__ Los artistas, de cualquier tipo, producen sus obras a partir de percepciones, vivencias, recuerdos, razones o emociones, es decir a partir de cualquier motivación que haga vibrar su universo personal y sea capaz de desencadenar el proceso creativo de una nueva obra. Para un artista plástico, escultor, pintor, etc., hace falta poco más. Incluso la comunicación de la obra a otros, si ocurre, es en este caso normalmente anónima y se produce a través de eso que suele llamarse "emoción estética". No es infrecuente que el receptor tenga una interpretación o percepción distinta del autor pero eso enriquece la obra porque desvela aspectos escondidos que probablemente estaban en ella y que eran desconocidos incluso para el artífice. Hasta la casualidad puede tener sus opciones en estos casos.

La Arquitectura participa, para mi, de todas estas cosas y podríamos aplicarle la misma reflexión pero hay un factor tan distintivo como esencial que ES EL HECHO DE QUE EL SER HUMANO HABITA ESTOS ESPACIOS (domésticos, de trabajo, de formación, de encuentro, de ocio...).

No es lo mismo y aquí empiezo a responder a tus preguntas, tener en mente y en cuenta al usuario que convertir al ser humano en el centro –protagonista– de la arquitectura. El proyecto se genera y crece desde sus intenciones originales y no lo hace igual en un caso que en otro. En el primer caso el ser humano se adapta a formulaciones previas nacidas de otras instancias, geométricas, de moda, económicas o del tipo que sea y el proyecto-edificio lo nota (el ser humano para la arquitectura)

*en el segundo caso la arquitectura nace alrededor de la compleja dimen-
sión del ser humano, tratando de entenderle y de darle respuesta, desde
lo elemental y fisiológico, pasando por todas las consideraciones racio-
nales, hasta sus percepciones, emociones y sensibilidades más profundas*
(La arquitectura para el ser humano).

*La estación de bomberos de Vitra de Zaha y el Rolex Center de Sanaa son
dos obras relevantes que hemos tenido algunos la suerte de ver. En la primera, a mi juicio, a Zaha le importaban antes otras cosas que el ser humano habitante de sus espacios. En la segunda, el habitante es absoluto protagonista de todas las decisiones y valores del proyecto. Ambas son obras
celebradas y encontrareis opiniones para todos los gustos. Como tu dices,
la búsqueda de una geometría de éxito, la aproximación a través de procesos matemáticos o combinatorios o estar a una determinada corriente o
moda puede ser un método de trabajo aprendido en la propia Escuela pero
cada uno habla de lo que cree y yo, que dudo de muchas cosas, creo firmemente en ésta y os la transmito. Si no, ¿cómo podría ser profesor?*

*Os he hecho estas observaciones con el curso avanzado y después de ver
muchas propuestas en clase y en el blog. Este proyecto, otros serán distintos, lo puse precisamente para que os identificarais y os implicarais
con un tema tan cercano a vosotros. Ojalá me equivoque pero, hasta el
momento, no veo esa cercanía y si muchas "estrategias" proyectuales al
uso y la fría geometría como protagonista.*

R. del C. Entonces pregunto: ¿Cómo es un espacio habitable, y mejor
dicho "disfrutable"? ¿Es abierto? ¿Es cerrado? ¿Es circular? ¿Es amplio?
¿Es novedoso? ¿Es acogedor? ¿Es cúbico? ¿Es deforme? ¿Es...?

J.M.S. *Rafa, no puede haber una respuesta de diccionario ni yo expen-
do recetas. Procuro haceros pensar, activar vuestro pensamiento y
vuestra sensibilidad para que construyáis vuestra personalidad como
arquitectos. Si tuviera alguna receta tampoco os la daría- cuando lo he
hecho casi siempre me he arrepentido- porque sería mi receta y no tendría porque ser la vuestra. Yo vivo con mis limitaciones a cuestas como
todos. Vosotros podréis llegar más lejos, o eso me gustaría a mí.*

*No obstante sí tengo una respuesta: la biblioteca de Siza en la Escuela de
Oporto es un espacio disfrutable –y todo el conjunto–. El Showroom de
H&M en Vitra es un espacio disfrutable, el Rolex de Sanaa es un espacio*

disfrutable, son solo algunos ejemplos importantes, pero hay miles y muchos están en las referencias del blog y los conocéis. Todos están hechos para el disfrute del ser humano que lo recorre, que lo habita. En todos ellos te sientes bien. La escala humana adecuada a cada uso, la proporción, la luz, el paisaje exterior, el paisaje interior, el material, los colores, las texturas, el sonido... potenciando el carácter de cada propuesta.

Estudiando, sintiendo y tratando de comprender estos ejemplos, muchos ejemplos, se llega a adquirir capacidades para, al menos, acercarse a imaginar soluciones de calidad. No es fácil pero no se decirte otro camino: Los escritores aprenden a escribir leyendo a los maestros. Los cineastas viendo las películas de los maestros, los músicos, los pintores, los fotógrafos... y también los arquitectos. Pero como os decía en el texto, no somos solo degustadores, sino cocineros y eso exige ahondar en los procesos y en la materia y entenderlos.

R. del C. ¿Cómo se dibuja un espacio habitable? ¿Cuál es su geometría? ¿Cuál es su volumetría?
Creo que no hay una contestación verosímil.

J.M.S. *¡Claro que no! El CÓMO hacer algo, una película, una sinfonía un poema o un edificio, es un proceso de búsqueda desde unas intenciones. Esa actitud de búsqueda, de vigilia, produce –además de momentos inevitables de dudas y hasta de angustia- encuentros y descubrimientos, que rápidamente el músico anota con su grafismo en la partitura, el poeta vuelca al papel perfilando las palabras y el arquitecto caza en un dibujo, en una maqueta, en un garabato o una anotación sobre su cuaderno. ¿Que es un croquis, un boceto? Es el intento de trasladar al papel lo que se tiene en la cabeza: conceptos que pugnan por convertirse en imágenes y que cuando comienzan a vislumbrarse es necesario captar, primero para recordarlos y luego para seguir pensando en ellos y hacerlos evolucionar con nuevas aportaciones, con nuevos conceptos hechos imágenes.*

Antes de las plantas o secciones definitivas de Ronchamp o de la biblioteca de Siza hubo dudas, balbuceos, dibujos de intención, persecución de la idea... y luego más persecución para que cada definición y finalmente cada material, cada detalle, cada matiz, reforzara las intenciones en la realidad final del edificio.

R. del C. Pero sí que hay una geometría, un espacio, una volumetría... a la que se le puede preguntar.: ¿Es habitable? ¿Responde a las necesidades? ¿Se disfruta en él? ¿Se está cómodo?
Así que mi conclusión es... esperar, pensar, proyectar, dibujar, y entonces preguntar y criticar si ese espacio es habitable o no.

J.M.S. *Claro que hay una geometría Rafa, siempre ha habido una geometría de una u otra forma. Y fotogramas y sonidos. La pregunta es en que momento aparecen esa geometría, esos sonidos o esos fotogramas. ¿Antes o después de las intenciones? La prueba, incluso la casualidad o algo ajeno pueden desencadenar ideas para el arquitecto (o para el músico, o el director de cine). Eso forma parte de los descubrimientos, de la vigilia. Pero sin esas intenciones, sin esos objetivos, ¿para que nos servirán, cómo reconocerlas? El autor de cine prepara sus secuencias para decir, expresar, mejor lo que quiere decir, el músico compone frases musicales o yuxtapone sonidos para expresar una determinada sensación. La geometría es el INSTRUMENTO, como de la música los sonidos, como del cine las imágenes. PERO UNA PELÍCULA NO SE HACE MEZCLANDO IMÁGENES SIN INTENCIÓN, UNA MÚSICA, MEZCLANDO SONIDOS SIN INTENCIÓN NI UN EDIFICIO MEZCLANDO GEOMETRÍAS O MATERIALES SIN INTENCIÓN.*

La confusión viene de que lo visible de la película son las IMÁGENES, lo audible de la música son los SONIDOS, son las PALABRAS lo que oímos de los poemas Y LAS GEOMETRÍAS Y LOS MATERIALES lo que vemos de los edificios. En un mundo rápido se leen los titulares de los periódicos, las noticias de cabecera (incluso se denominan Headlines a los noticieros de TV) y las imágenes de la revistas. Lo rápido deviene fácilmente en superficial y con frecuencia nos olvidamos de los contenidos, de las razones profundas.

Otros os dirán otras cosas pero lo que yo estoy tratando de deciros, esa es mi aportación, es que

HAGAIS VUESTROS PROYECTOS CON INTENCIONES Y QUE PONGAIS AL SER HUMANO EN EL CENTRO DE TODAS ELLAS.

Esta es una conversación infinita que habrá que seguir. Sigue haciéndote preguntas. Aun el caso de que no te convenzan los argumentos, intenta pensar en ellos. Un abrazo, J.M.S.

DOS PROYECTOS EN SANCHINARRO
Comentario a propósito de este lugar

Hemos trabajado este semestre en Sanchinarro, con la esperanza de encontrar en la *Acupuntura Urbana* un remedio eficaz a los múltiples dolores que aparecen repartidos por todo el cuerpo de estos ensanches de ciudad y que acaban afectando a sus habitantes.

Sanchinarro es tal vez un buen ejemplo de lo que la ciudad, más aún una ciudad mediterránea, nunca debería ser: un lugar para el desencuentro.

En Sanchinarro se dan, tal vez aún en mayor medida que en sus PAUS hermanos, todas las razones para desconfiar de un tejido que no genera ni favorece la actividad urbana: Escalas inadecuadas, densidades bajas, avenidas con trazado y amplitud para la velocidad del coche, espacios en definitiva destensionados sin posible actividad comercial, dotaciones dispersas...

La solución está viciada desde las intenciones:

Se genera una injustificada extensión de la ciudad, más allá de las necesidades reales, con un control especulativo de la propiedad del suelo, en clara contradicción con los argumentos de abaratamiento del mismo con los que se justificaban los ensanches. Más que solucionar los problemas de la vivienda para los que la necesitan, se da oportunidad a los inversionistas, que primero encarecen el producto y después no habitan las viviendas en espera de su revalorización. El resultado: Una ciudad cara y vacía. Esto, que hemos dado en llamar *burbuja inmobiliaria*, llega a explotar y ya lo está haciendo en las fechas de este artículo.

Por otro lado la manzana cerrada, con un aparcamiento debajo, establece una diferencia y control indudablemente eficaz entre el espacio privado interior tras los vallados, con sus patios de manzana y el espacio público, de mantenimiento municipal, de las vías de circulación y las –vacías– aceras perimetrales.

El modelo define con claridad los límites de la propiedad y la responsabilidad de su mantenimiento. Todo se subordina a este objetivo y se acepta el modelo de ciudad-dormitorio con unas dotaciones dispersas y una inevitable dependencia del coche. La ciudad se convierte en un decorado móvil para atravesar dos veces, por la mañana y por la tarde-noche. Nada procura la actividad ni el intercambio en la calle si es que podemos llamar de este modo a estos lugares de deshabitación diurna. Ni siquiera algunos ejemplos de buena arquitectura en el barrio han hecho posible una percepción distinta.

En esta situación, cercana al límite, hemos tratado de alentar a los alumnos a mantener una actitud crítica sobre este tipo de *ciudad*. Aun limitando el marco del trabajo, les orientamos a investigar un germen de ciudad distinta con propuestas alternativas a los problemas de escala, procurando intensificaciones, polaridades, superposición de usos y trazas y generando espacios de mayor calidad e interés desde todos los puntos de vista.

No sé el tiempo que habrá costado proyectar este trazado a vista de pájaro –casi siempre que estos trabajos se presentan expuestos en maqueta aparecen estas formalizaciones geométricas forzadas–. Están bien lejos de los trazados reguladores abstractos de los ensanches históricos y tienen muy poco que ver con la percepción real del espacio.

Con el hormigón como elemento sugerido de materialización, se trabajaron dos proyectos cercanos al edificio Mirador de los arquitectos holandeses MVRDV. Unas instalaciones deportivas ocupando la rotonda y un conjunto de viviendas colectivas en una de las manzanas perimetrales. Pese a que el escaso tiempo de estos cursos reducía de antemano las posibilidades de desarrollo, se aportaron soluciones interesantes, algunas de las cuales quedaron reflejadas en la publicación de la Cátedra Blanca *"EN HORMIGÓN 1"*.

RIOS Y CIUDADES

25 de marzo de 2011.

París: El Sena, salón de estar acuático. Escala justa entre los márgenes. Vida de ciudad, de calle, que siempre abrazó a su río.

Londres: Vida hacia la "casa y los interiores". El río, un adorno de paisaje y escenario de arquitecturas. La ciudad se mira en él desde fuera, sin implicarse, un espejo.

Venecia: con el ancho del Sena en Paris, pero con el punto de vista más bajo. El gran Canal: canal particular para los señores de los palacios. Las calles no lo bordean, llegan, se asoman y se van... para no molestar a los señores. Agua vista desde agua.

Viena no tiene río. Esta fuera, en el borde. Viena añora a su río. Por eso le escribe canciones y poesías, como a una amada lejana.

Oporto vive su río condicionado por la topografía que la defendió. Las calles son afluentes que vuelcan a un puerto que quiere ser de mar y en realidad lo parece.

El Arno pasa muy ancho y plano por Florencia. Es tan importante y orgullosa la Arquitectura que nunca ha querido la competencia del río y se ha ido hacia adentro. Bajas densidades llegan a sus orillas y comunican poca vida. El puente es una isla.

Conozco poco Praga y menos el Moldava y "su gehry", pero si Gehry se empeña, todos los paisajes de las ciudades y los campos serán paisajes Gehry. ¡Qué formas tan monótonas!

El Rhin, en Basilea, solar para un proyecto de curso.

ESCUELA DE DISEÑO DE AHMEDABAD

Creada una estructura reticular, las vigas principales evitan buena parte de los soportes que ocuparían los puntos de la retícula en las necesidades de apoyo. Quiero decir que una estructura racional permite luces moderadas de apoyo de forjados o losas –o bóvedas como en muchas partes de este edificio– utilizando vigas secundarias que descargan en vigas principales y estas en un número más reducido de soportes. Sin alardes de diafanidad ésta es, sin embargo, sorprendente.

El canto de las vigas, grande, y las bóvedas de ladrillo que cubren los vanos establecen una diferencia fundamental en el edificio: Lo que corresponde a lo estable y permanente (lo que Loos definiría como *el ámbito de la Arquitectura*) y lo cambiante y móvil (lo que en una casa de Loos sería el ámbito de lo doméstico y sus propietarios). Lo mueble, lo que puede modificarse y acoger transformaciones en función del uso, queda por debajo de lo permanente. Lo esencial, portador de los valores que pertenecen al espacio queda defendido frente a las transformaciones de lo temporal.

Una estructura racional como ésta, de retícula con varias versiones (techos planos, bóvedas distintas) permite jugar en los distintos planos de planta o sección con huecos por los que se "cuelan" la luz y los paisajes.

Aparecen percepción es distintas de la dimensión a través de estas tensiones oblicuas que no se expresan fácilmente con los instrumentos habituales de representación ni siquiera en una trama reticular como ésta. Estos espacios han de concebirse en la cabeza y ser rápidamente trasladados al papel en un boceto. Los planos convencionales guardarán de este modo el secreto –los mejores planos son los que guardan más secretos– de su concepción en función de la luz y la mirada.

Pienso en las imágenes producidas a través del ordenador, que parece capaz de reflejar esto, pero que tantas veces lo hace sucumbir bajo efectos impersonales, sin emoción.

En esta Escuela de diseño se produce ese encuentro amable y fértil entre la estructura de la razón y la emoción de los sentidos.

CEPT (ESCUELA DE ARQUITECTURA DE AHMEDABAD)
FATEHPUR SIKRI - VALLES DE AJANTA Y ELLORA

Con motivo de mi viaje a la India, para participar en un curso en la Escuela de Arquitectura CEPT de Ahmedabad con un grupo de alumnos de Madrid y sus profesores organizadores, Luis Basabe e Ismael Miguel, marzo de 2009.

La Escuela de Arquitectura CEPT de Ahmedabad
Obra de Doshi, importante arquitecto indio con estudio en esta ciudad, que
fue colaborador de Le Corbusier en Chandigar y diversas obras de su tardía etapa india.
La Escuela CEPT.es un espacio de gran calidad en el que están presentes
de forma natural todos los conceptos que admirábamos en el edificio para
la Asociación de Hilanderos de le Corbusier. Aparecen puestos en valor
tanto la sombra como las brisas que provoca, el cruce de ventilaciones, los
filtros de luz y de sol... La construcción es muy sólida con estructura mixta
de hormigón y ladrillo. Los detalles de carpintería son magníficos. Las clases están concebidas como espacios transformables a partir de elemen-
tos-paneles desmontables de gran sencillez. La luz filtrada entra profunda
a los rincones que huyen del sol directo. Es difícil distinguir el dentro del
fuera pues los espacios fluyen y cualquier rincón exterior –bajo un árbol– o
interior a la sombra, o la escalera, puede ser lugar adecuado para una
clase, para una exposición.
El tiempo parece tener otro valor y el espacio, versátil, ser capaz de acoger
cualquier actividad, cualquier encuentro o conversación improvisada.
Nunca he sentido tan cercano y tan certero el aserto de Louis Kahn defi-
niendo la escuela como alguien que a la sombra de un árbol reúne alrededor a sus alumnos.

Fatehpur Sikri
Los artífices de Fatehpur Sikri exploran los límites de la construcción con
un solo material.
No ahorran para ello ni fantasía ni precisión y, sin quererlo, o queriéndolo,
convierten la piedra, una piedra rojiza de pizarra, en la más versátil madera, con la precisión de un ebanista y el detalle de un orfebre.
Explotan todas las posibilidades constructivas y expresivas. Construyen,
desde la simplicidad de un material único, un complejo mundo de formas y
significados.

CEPT. Patio y vista del mismo desde un aula.

Los templos excavados de Ajanta y Ellora

Es imposible que este país deje indiferente a nadie, ni aún teniendo en cuenta el inexorable proceso de insensibilización a que nos someten los medios, con su forma de mostrarnos la realidad a diario. Incluso es pronto aún para calibrar la medida de la huella que deja en nosotros. En algo hemos cambiado.

Es fácil leer su situación, la de la India, como la de un atraso presto al desarrollo, en el umbral de un mundo mejor. Pero no puedo resistir la tentación de, fabulando sobre ello, verlo como un universo de vuelta de todo, una dulce decadencia que parece haber sorprendido a sus mujeres con el vestido de gala puesto, que deja en los gestos, en los rostros, la sabiduría del paciente, del que ha encontrado la verdad en la ausencia de todo lo que nos adorna, de todo lo superfluo y prescindible.

La excavación de los templos, hecha para llevar la más sencilla vida de meditación, acaba constituyendo una metáfora de lo que representa eliminar todo lo sobrante para encontrarnos, para descubrir los tesoros más escondidos del pensamiento y de la vida.

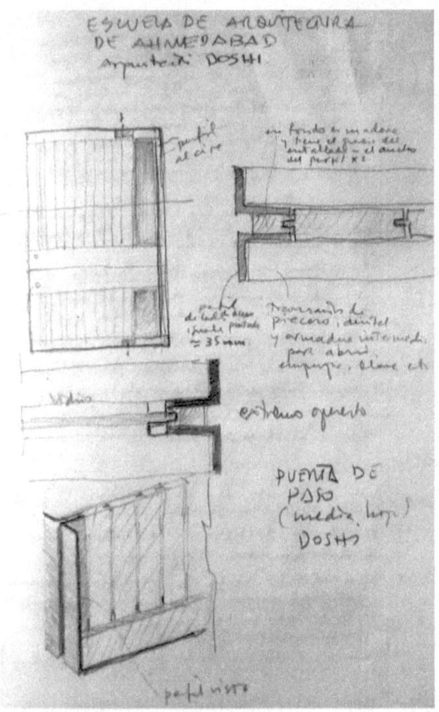

CEPT. Detalle de las puertas.
Ala derecha: Templo 16 de Ellora.

Desde lo profundo de las grietas y las sombras, alguien nos está diciendo que el tiempo paciente es el único que nos permite ahondar en nosotros, reconocer nuestros valores esenciales. Que el tiempo rápido, hoy tan valorado para llegar antes que otro a cualquier cosa, conduce al hábito de lo superficial. El valor, la riqueza del tiempo lento. La fecundidad de la infinita paciencia.

¡La fe mueve montañas! Podría haber nacido aquí esta sentencia. Es difícil encontrar mejor ejemplo de la fe necesaria para que estas gentes, mineros del pensamiento, durante generaciones, trabajaran para desvelar el valor de lo que queda tras todo lo que sobra.

A PROPÓSITO DE "CIUDAD ABIERTA"
Chile. Valparaíso.

Visita con su director, el arquitecto y profesor chileno Fernando Expósito Galarce. 1 de mayo de 2009.

Cerca de Valparaíso, perteneciente a la Escuela de Arquitectura y Diseño de su Pontificia Universidad Católica, se sitúa Ciudad Abierta, campo de experimentación artístico, entre las dunas de un paisaje asilvestrado, al borde del Pacífico.

Una de las obras que se incluyen en el paisaje de las dunas es una pieza con aire deconstruido y, porqué no decirlo, algunos tics de moda del momento. En realidad la mayor parte de las piezas participan de esta misma impresión pero tienen también, o eso me parece, otras referencias de mayor interés: me refiero a la arquitectura de Alvaro Siza Vieira. En efecto, algunos de los rincones, intersticios y "patios" que la edificación contorna son espacios positivos donde se valora la acogida, la sombra, el frescor cálido que tanto reconocemos en la obra del maestro portugués. Formalmente, sin duda, aparece una cercanía mayor a las obras de Zaha Hadid, Lïbeskind o nuestro malogrado Miralles pero no debe extrañarnos, pues todos ellos han conocido sin duda la obra de Siza y todos han incorporado junto a fundamentos filosóficos (Derridá) de la deconstrucción, algunos principios de la desarticulación de formas tradicionales que aparecen en su obra, aunque pocas veces con el sentido positivo del "espacio de vida" del maestro.

El fundamento vital, de experiencia poética en la convivencia de las artes y la naturaleza me sonó un poco rancio en mis oídos, como eco de un 68 ya lejano. Tal vez pesaba un cierto lastre de credibilidad sobre aquello, en lo que, no debemos olvidar, existían otras componentes atractivas, como la experiencia de la libertad sin trabas y los "asistidos viajes de la mente". Tampoco debemos olvidar, sin embargo, que en toda experiencia humana – diríamos en toda manifestación humana– es necesario saber ver las otras caras, las otras facetas de la realidad desde puntos de vista distintos.

Quise advertir a nuestros interlocutores, dirigentes de la C.A. sobre el peligro de la "satisfacción del repertorio reconocido" es decir esa especie de regocijo y auto justificación que se produce cuando haces algo que, por mor del momento o la moda, sabes con certeza que recibirá una buena acogida y una crítica favorable. Es entonces cuando la arquitectura se convierte en gestos y los epígonos de sus fabricantes copian esos gestos de identidad de un determinado lenguaje, sin profundizar en él ni mucho menos considerarlo una parada fugaz de un viaje de más calado.

Vuelvo a Siza y a la seriedad de sus viajes pero recuerdo que Siza quiso ser escultor[1] y que le fascinaba el trabajo creador que nace de la manipulación de ciertos materiales. Tal vez reconozcamos en él más al escultor que el gusto por esos materiales, aunque no tanto si pensamos que Alvaro Siza es andarín de pasos largos y experimenta pocas cosas, pero bien, en cada obra.

Se reconoce aquel deseo creador en los estudiantes y profesores que experimentan estas vivencias en la Ciudad Abierta, donde el tiempo parece perder peso, sazonado con el aire marino, diluido en el paisaje.

Se trata sin duda de pasos más cortos, incluso apresurados en las recientes construcciones.

El tiempo se sosiega sin embargo, aliándose con la vegetación, en la capilla, en los círculos de agua, el anfiteatro y el romántico cementerio, tan evocador de otros tiempos y otras cosas.

Los peligros de los excesos del lenguaje existen sin duda pero, para mí, vencen las expectativas positivas y animaría a los estudiantes a vivir esta experiencia que descoloca, "despeina" y redime, en cierto modo de tanta geometría que nace muerta.

---

[1] Valdemar Cruz: *Conversaciones con Alvaro Siza*. Gustavo Gili.

TEXTOS DE CONTENIDO PROFESIONAL

LA CASA FLEXIBLE
A propósito de unos Concursos de Vivienda sociales

Cuando comenzamos a trabajar en estos Concursos volvimos a ver, grabado en un vídeo hace ya algunos años, un reportaje sobre la vivienda en Japón. Entre los espacios ligeros y de paredes deslizantes, con el sabio juego de lo opaco y lo traslúcido, se mostraba un dormitorio de la casa con las camas abatidas sobre la pared, liberando durante el día para otros usos el espacio ocupado de noche.

Esta arquitectura, que tanto influyó a los maestros del racionalismo del siglo XX, nos estaba mostrando la más elemental reflexión acerca del *protagonismo del espacio frente al protagonismo de los objetos*. En efecto, sugería la recuperación del espacio para ganar cotas de libertad de uso a costa de lo que siempre fue mueble, es decir, objeto desplazable de ubicación no permanente, valor alterado por la costumbre o la comodidad y también por el asumido papel ornamental de los objetos.

En el fondo supone una meditación sobre la forma de valorar las cosas y los objetos que han tenido que ver con nosotros, singularizados y resaltados en la cultura zen y a veces perdidos por exceso y acumulación en la nuestra.

Parece como si de nuestra maravillosa condición mestiza de culturas hubiera quedado en la casa más huella del "horror vacui" árabe que de la sencillez y austeridad castellanas, apenas sin muebles.

Por otro lado la casa, siguiendo a Bachelar, es escenario de experiencias y recuerdos, siendo percibida, sentida y vivida de forma distinta por cada uno de sus habitantes.

Todo esto convoca a entender las *muchas casas que hay en una casa* y por tanto a un acercamiento creativo al problema de la complejidad del uso de la casa por la diversidad de personas, ocupaciones y tiempos, sin olvidar la evolución misma de todos estos factores a lo largo de los años de su vida útil.

Concurso EMV Carabanchel. Madrid.

Concurso IVIMA.

Parece imprescindible que todo proyecto contemporáneo de vivienda, pero mucho más en los casos de vivienda de tamaño reducido, proponga y ofrezca una respuesta a esta reflexión. Ya se ha avanzado por este camino, con magníficos ejemplos (Aranguren, Gallegos) en los últimos años.

Este concurso de la EMV en Carabanchel, nos ofrece la oportunidad de seguir ensayando sobre la liberación y transformación del espacio interior doméstico, trabajando, en este caso, sobre un tipo de vivienda pasante a dos fachadas. Nos interesaba y éste era el reto, conseguir una vivienda que, con una estructura de espacios totalmente clara, conjugara la reacción de la vivienda ante la transformación de usos del día a la noche y las distintas formas evolutivas de utilización con las ventajas, en nuestro clima, de la ventilación cruzada y la mezcla de luces de sur y norte.

Aunque las propuestas para otras composiciones de programas mantienen las ideas básicas, contenidas en una pieza de naturaleza urbana distinta, el estudio se desarrolló inicialmente para el bloque lineal que contiene viviendas de tres dormitorios y que presenta sus fachadas sensiblemente a la doble orientación comentada, sur y norte.

El ensayo se ha realizado, en este tipo, manteniendo como fijos el dormitorio principal y los baños. Aunque incluso esto sería cuestionable planteábamos esta reducción como hipótesis sobre la base de la *estabilidad* de estos espacios. (Aún así se ha organizado dicho dormitorio principal de forma que pueda albergar un lugar de estancia).

A partir de aquel núcleo estable, con el dormitorio principal a norte y calle exterior, el espacio restante puede quedar unido, a voluntad, como espacio

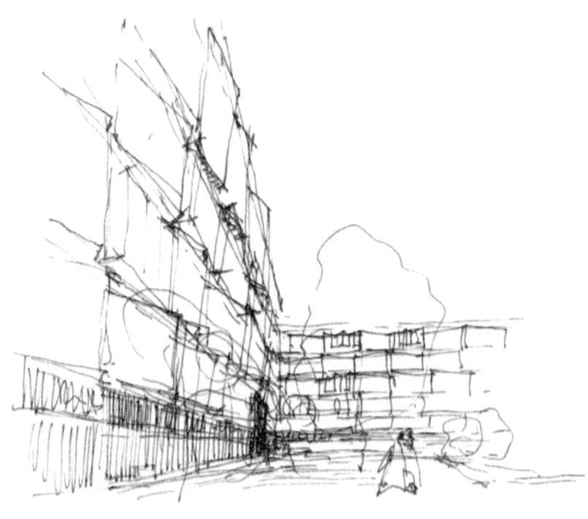

Concurso de viviendas para jóvenes
en Rivas. Madrid.

Concurso CSCAE.

continuo en el uso diurno, con ventilación y luces cruzadas. El paisaje interior puede llegar a abarcar 60 m².

El espacio central de estar se abre al sur y al espacio libre propio de la parcela. A él se incorporan los dormitorios de los hijos también abiertos a ese espacio con luz de mediodía. Nos parece importante esta luz cálida para los chicos, sobre todo cuando son pequeños y por eso les hemos colocado en este lugar.

En el eje transversal se encuentra la cocina abierta al norte, pero la luz y la vista pasan por entre los muebles y por el techo. La cocina se funde con la zona de comer y desayunar y con el espacio continuo hacia el estar. Un armario que no llega al techo y una mampara móvil consiguen, en sus distintas posiciones, cerrar o abrir el espacio de la entrada hacia los dormitorios y obtener, sólo cuando sea necesario, las cotas de privacidad deseadas respecto de la entrada a la casa.

Somos conscientes de que no todos los usuarios utilizarían la vivienda de este modo, como nosotros desearíamos, pero el estudio muestra, como se aprecia en los dibujos del panel n° 3, las distintas posibilidades de uso e incorporación de estos espacios, incluida la más convencional de separación por tabiques, pues la organización interna y las circulacio-

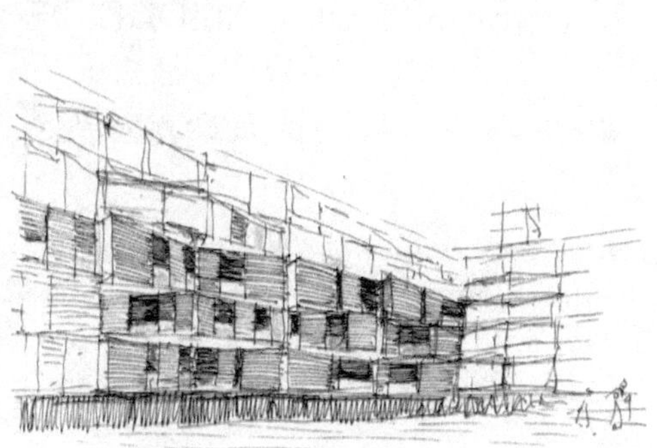

Boceto para un concurso de
viviendas para jóvenes en Rivas. Madrid.

Concurso vivienda EMV.
Espacios de patio-jardín.

nes lo permiten. Estas posibilidades de adaptación y reversibilidad nos parecen también un aspecto a tener en cuenta en cualquier estudio de flexibilidad de la vivienda.

Las *casas llenas de cosas* se vuelven a veces incómodas y rígidas en su uso. Su tamaño no admite bien tantos muebles fijos ni esa forma de abigarrar que empequeñece e impide respirar al tiempo. Libertad de espacio y de tiempo que forman parte esencial de la vida y la casa es su escenario más íntimo. Libertad para no perpetuar necesariamente en la casa los ritos del uso, que cambian con el tiempo y reclaman adaptación.

El espíritu parece navegar mejor por los espacios más libres e intensos de la casa japonesa o por los de la ascética arquitectura castellana. El espíritu valora mejor en ellos los objetos valiosos, los sonidos valiosos, los silencios valiosos. No es la única forma de vivir una casa pero ésta debe ser, al menos, posible.

Podemos hacer casas en las que la complejidad de la vida que se desarrolla necesariamente en ellas no acumule depósitos de complicación, sino que encuentre en sus espacios abiertos y de uso flexible, respuestas sencillas y enriquecedoras, que nos permitan llenarlos de pensamientos, sentidos y vivencias.

RETOS FRENTE AL FUTURO
NOTAS PARA LA ENTREGA DE PREMIOS DE CALIDAD DE LA EDIFICACIÓN DE LA COMUNIDAD DE MADRID

Intervención en la presentación de los premios de calidad de la Comunidad de Madrid. 9 de abril de 2003.

Premiado el año anterior, me correspondió pronunciar el discurso de presentación de los Premios anuales. Fue ante el entonces Presidente de la Comunidad de Madrid Alberto Ruiz Gallardón.

Estamos hoy aquí para celebrar que se siga haciendo buena Arquitectura en Madrid, para admirar algunos ejemplos de estos últimos años y felicitar a sus autores premiados.

Sin duda el primer y más importante fundamento de la arquitectura es su dimensión social, ofreciendo respuestas a nuestras necesidades de espacio habitable. Los distintos jurados que a lo largo de estos años han concedido estos Premios han buscado la adecuación de los edificios a esa exigencia básica. Pero también han insistido en identificar la calidad de la edificación con su cualidad arquitectónica, que no es un adorno ni un valor añadido de esa dimensión social, sino que forma parte inseparable de la misma.

La búsqueda de la calidad de la Arquitectura nos exige, a los arquitectos, servir a la sociedad a través del conocimiento del ser humano en relación con su medio. Nos preguntamos sobre el lugar y ahondamos en la Historia. Experimentamos sobre la imaginación del espacio habitable y sobre la construcción de ese espacio, nuestro trabajo abarca y se inscribe entre extremos tan aparentemente alejados como el territorio y el material, hasta su último detalle.

Normalmente suele llamarse profesional al que realiza su trabajo con dignidad y conocimiento suficiente. Profesional es una palabra muy usada, que goza de reconocimiento. Pero quiero recordar aquí ese otro sentido original de la palabra, sin duda más profundo e intenso: profesar es tener fe en lo que se hace y no cabe duda de que, tras los edificios que hoy se distinguen existen personas, arquitectos, que creen en lo que hacen, que han sabido mantener su voluntad en un recorrido tan largo y ambicioso. Nuestra enhorabuena también por eso.

Pensar en las condiciones en las que esta Arquitectura se realiza en la actualidad puede ayudarnos a valorar aún más, si cabe, las virtudes de estas obras y al mismo tiempo nos permite intentar acotar y clarificar, aunque sea brevemente y de forma sencilla, algunos de los problemas que dificultan su realización y algunos específicos que afectan a nuestra Comunidad.

Porque tenemos pocas veces las cosas fáciles: decrece el tiempo para realizar los proyectos y se reducen sus honorarios sin tarifas, al tiempo que crece sin parar la complejidad técnica y normativa.

Luis Moya, "el viejo", afirmaba y todos sabemos que tenía razón, que un proyecto bien definido, contando con un tiempo suficiente, supone un ahorro de dinero y de tiempo en su construcción. Sin embargo nos enfrentamos frecuentemente con concursos públicos, con importantes inversiones, en la que se nos pide definir la arquitectura a nivel de anteproyecto, cuyos plazos de presentación no llegan a las dos o tres semanas.

También es frecuente que las licitaciones y concursos públicos primen en sus puntuaciones a las ofertas más económicas y con menor plazo.

Tendríamos que parar esa frenética carrera que impulsa a trabajar más rápido y más barato y utilizar el criterio, que me parece más sensato en la utilización de los recursos públicos, de buscar la calidad dentro de un plazo y un coste razonables.

Creo que debemos reflexionar seriamente sobre qué sentido tiene reducir el tiempo de estudio del proyecto y desconfiar luego del producto, haciendo supervisar los proyectos y las construcciones por "oficinas de control técnico" en las que solemos encontrar a nuestros alumnos de dos años atrás y con demasiada frecuencia, gente inexperta. Siento no recordar el autor de un artículo que leí recientemente sobre este asunto, que ofrecía estadísticas preocupantes y que expresaba finalmente la duda de quién controla a los controladores. Debe existir una correspondencia inequívoca entre nuestra competencia y capacidad de decisión y la responsabilidad que se nos exige legalmente por ello.

Es lógico que una actividad tan compleja como la construcción de un edificio deba contar igualmente con una legislación extensa y a la vez minuciosa. Pero creo que debe realizarse un esfuerzo para hacer esta normativa más clara y coherente, evitando, en lo posible, la superposición de normas de ámbito estatal, comunitario y local, a veces contradictorias y de interpretación tan incierta que deja demasiado abierto el riesgo de no acertar para el que proyecta y demasiado abierto el riesgo de decir que no se acierta para el que lo juzga, lo que supone una puerta abierta a determinados abusos.

Por muy cambiantes que sean las técnicas, debemos procurar también unas normas contrastadas y estables. No podemos terminar cada día con la sensación, por no decir la seguridad, de que en alguno de los boletines oficiales publicados, hay media docena de disposiciones nuevas que nos afectan y que debemos saber y aplicar al día siguiente.

Me parece necesario pensar sobre esto, pero creo que hay algo *aún* más preocupante para esa calidad de la Arquitectura que pretendemos hacer. La Comunidad de Madrid, en muchas de las obras que promueve, no contrata la dirección de las obras a sus autores, a los autores de los proyectos.

No permitir dirigir una obra de arquitectura a su autor significa romper la imprescindible hilazón entre la arquitectura imaginada y la arquitectura construida, interrumpir un proceso creativo que no termina hasta que el edificio es una realidad.

El plano y los documentos del proyecto no agotan la concepción de la arquitectura. Sé que es muy racional decir que todo debe estar definido, como en la construcción de un coche, pero un edificio no es un coche, entre otras cosas por que los planos de un coche, por ejemplo, responden a una compleja y muy larga elaboración de prototipos y pruebas cuyo coste superaría decenas de veces la de muchos de los edificios que hoy premiamos. El plano es una partitura que precisa de interpretación. Escuché a García de Paredes decir esto en alguna de sus conferencias sobre música y arquitectura. Recordaba sin embargo que la música puede interpretarse muchas veces y podemos conocer diversas versiones personales. Nos encantaría sin embargo conocer cómo interpretaría Beethoven su Fantasía Coral o sus sonatas, o cómo escucharía, hacia dentro, alguna de sus sinfonías.

La partitura del proyecto de arquitectura, sin embargo, solo puede interpretarse una vez. Los planos definen sin duda muchas cosas, pero no pueden desvelar totalmente un mundo de intenciones y de intuiciones, en los que tantas veces radican aspectos importantes de la arquitectura. Debe pensarse, además, en cuántas decisiones son necesarias durante la construcción, por las innumerables contingencias, que exigen una reflexión y una respuesta igualmente creativa y coherente con las ideas de partida.

La receta, por extensa y precisa que sea, no sustituye al cocinero. Valga como muestra que la inmensa mayoría, si no todas, de las obras premiadas por La Comunidad en estos años han sido dirigidas por sus autores.

Álvaro Siza reclama permanentemente la unidad de este proceso. De la Sota, refiriéndose a la complejidad de todas las incidencias, decía que cada obra acabada era un milagro.

En los últimos años estamos asistiendo a la participación de importantes arquitectos de renombre internacional en proyectos cercanos. Estamos también en el camino olímpico. Por lo que significaría para nuestra ciudad y nuestra Comunidad de Madrid, todos deseamos que sea realidad esta oportunidad histórica. En los Juegos Olímpicos de Barcelona, se decidió encargar a los premios FAD que equivalen a lo que representarían aquí, juntos, los premios del Colegio de Arquitectos, de la Comunidad y del Ayuntamiento, la mayor parte de los proyectos que representaron una importante renovación de la ciudad. Entendieron, tal vez de forma demasiado restrictiva, que era una oportunidad única de participación y de dar a conocer al mundo los valores de la arquitectura catalana.

Madrid siempre ha sido una ciudad abierta. Es una de nuestras señas de identidad. Bienvenida sea por tanto toda aportación verdaderamente valiosa. Pero recordemos que muchos de nuestros maestros no tuvieron esas oportunidades. Tan solo pido equilibrio y reconocimiento del valor de la arquitectura madrileña, que se ha ganado a pulso el derecho a participar en la construcción de una ciudad mejor. Participación en los Concursos y también concursos abiertos para que los más jóvenes, que terminan su carrera en una Escuela prestigiada, puedan mostrar su valor. Que todos estos Premios no sean de consolación, pues no hay mejor premio para un arquitecto que comenzar a pensar en el proyecto siguiente.

El siglo que acaba de empezar nos esta mostrando ya la necesidad de reflexionar sobre problemas de importancia vital, porque tal vez el futuro de paz y justicia que deseamos para nuestra sociedad dependan de que seamos capaces de enfrentarnos a ellos como retos que deben ser superados.

Hay muchos retos, pero citaré dos que me inquietan especialmente y que tienen una estrecha relación con la arquitectura:

Necesitamos recuperar los valores que restituyen la dignidad del hombre en su dimensión personal y social. Superar el mercantilismo como primera y a veces única razón de nuestras acciones. Ese mercantilismo no ha resuelto que cinco millones de niños mueran todos los años de hambre o de enfermedades. Esas injusticias son el origen de todas las guerras.

En definitiva una sociedad más justa donde la arquitectura pueda colaborar a resolver problemas esenciales de habitación, de equipamientos y de equilibrio en el desarrollo del territorio y responder de este modo a su primera y más esencial función.

Creo que el segundo gran reto nos convoca a una reflexión sobre el valor del tiempo, del tiempo como tesoro invisible que, en su sosiego, fecunda la mirada, el pensamiento y el arte. No podemos seguir rellenando con más cosas un tiempo limitado, ¿hasta dónde? Precisamos invertir el sentido de la utilización de los ordenadores y las máquinas que usamos, y ponerlas a nuestro favor, no para exigirnos hacer más cosas más deprisa sino para liberar tiempo y ganar calidad de vida.

Hace mucho que los *tiempos son modernos* pero, lejos de superar el vértigo, cada vez estamos dando más deprisa la vuelta a las tuercas.

Necesitamos desprestigiar la prisa y buscar esas islas de sosiego y de calidad del tiempo que nos permitan mirar hacia dentro y hacia fuera con más claridad. Necesitamos, siguiendo a John Cage, los silencios creativos del tiempo.

Permítanme terminar con una vivencia personal que tiene que ver con lo que acabo de decir:

Un día tuve la oportunidad de recorrer la Alhambra en solitario. Me mezclé con los espacios olorosos y el sonido del agua; la que danza, la que canta y la que reposa. Andaba por los jardines y los patios. Me encontraba en el patio del Palacio de los Leones. Las pisadas de mis zapatos hacían un ruido molesto y me convertían en un extraño. Se cerraron las fuentes y escuché un silencio lleno de rumores.

Me quité los zapatos, no había nadie, y entendí porqué ese espacio necesitaba pisarse blando sin estorbar los sonidos ni los silencios. Todavía era invierno pero noté el calor que el sol había dejado en el macael blanco y me quité los calcetines para sentir mejor el mármol. Avancé hacia el fondo, hacia la sala de los Reyes. Era allí donde el mármol estaba más caliente, donde llegaba el último sol de la tarde, y entendí por qué era el lugar elegido por los reyes para su estancia. Me senté en el suelo, aun sin almohadón. El pequeño templete que se proyecta hacia el patio me impedía ver el cielo y entendí que estaba en el salón de una casa. Miré a mi derecha y a través de un hueco apenas velado por la celosía, vi atardecer sobre el Albaicin.

Probablemente nunca había recibido una lección de Arquitectura mejor ni comprendido mejor cuánto depende la Arquitectura de la percepción y del conocimiento.

Hoy celebramos los premios a la Arquitectura y a todos los que intervienen en su realización. Con independencia de los temas de las obras distinguidas, todas tienen en común esa calidad de Arquitectura que responde a todas las cosas dichas y a muchas otras, que nuestros compañeros premiados han sabido interpretar tan bien. En nombre de los arquitectos, agradecer a la Comunidad de Madrid la continuidad de estas convocatorias y en nombre del Jurado valorar la calidad de los trabajos presentados, felicitar a todos los que han intervenido en ellos y dar a los compañeros que han obtenido estos Premios nuestra más calurosa y sincera enhorabuena.

SOBRE LOS CONCURSOS DE ARQUITECTURA
Octubre de 2011

Los Concursos han sido siempre un pulso personal para todos nosotros. Una especie de reciclaje y puesta a punto a través de ese deporte que supone enfrentarse a la diversidad de situaciones que ofrece la Arquitectura. "Refrescar la cabeza" con un Concurso era también una práctica gratificante en momentos de acecho de mil cosas profesionales. Para algunos arquitectos entre los que me cuento, el concurso es una dedicación tan habitual que resulta raro no tener siempre alguno en cualquiera de sus fases.

Hace ya bastante tiempo que los concursos han dejado de ser una gimnasia recuperadora para convertirse en actividad normal de cualquier estudio, pues es este procedimiento, el del Concurso, el establecido de forma "casi" obligada para acceder a la posibilidad de construir una obra para la Administración y no es infrecuente tampoco en obras privadas de cierta entidad.

Personalmente puedo decir que mi trabajo se alimentó de los concursos durante toda la primera época de mi carrera y que gracias a ellos pude construir varios edificios que han resultado significativos en la misma. Después, aun con menos suerte, sigo siendo un habitual de las convocatorias abiertas y es raro el año en el que no participamos en cuatro o cinco de estos concursos.

El procedimiento del Concurso me sigue pareciendo el más adecuado y el que abre más expectativas para que los profesionales tengamos las máximas oportunidades de realizar obras públicas. El sistema más apropiado para estos concursos ha sido siempre muy discutido pero el *concurso de dos fases*, la primera completamente abierta con poca documentación y bajo coste –lo que permite participar y aportar sus ideas a los más jóvenes y los estudios pequeños– y la segunda cerrada a los seleccionados *por un jurado competente*, con compensación de gastos, es sin duda la más justa.

Lo de la compensación de gastos es obligatorio en algunos países de nuestro entorno cuya legislación impide que se utilice gratuitamente el trabajo de muchos profesionales para elegir cuando éste adquiere ciertos niveles de desarrollo y gasto. La primera selección se produce, sin embargo, en algunos casos por el historial profesional, lo que anula la virtud anterior y reduce en la práctica la participación, concentrando en pocas manos las oportunidades.

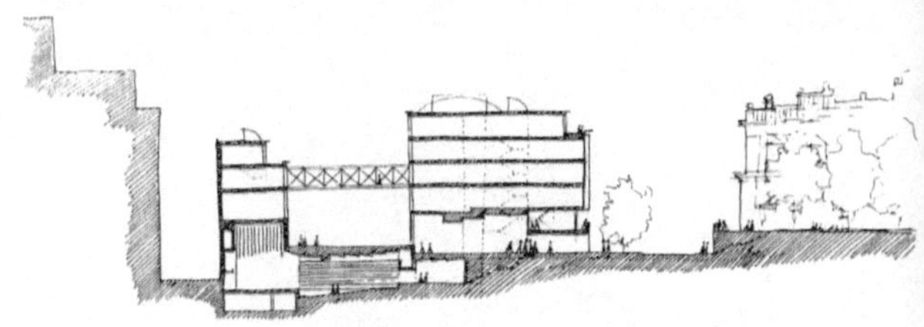

Sección Instituto Francés.
Boceto concurso.

Instituto Francés de Madrid.
Sección calle M. de la Ensenada.

Algunas veces se ha planteado la idea de crear un límite a las posibilidades de selección y/o adjudicación –lo que supondría un catálogo de control estatal de adjudicaciones y sus importes económicos. Teniendo en cuenta que existen muchas menos oportunidades –ahora menos que nunca– que profesionales con capacidad y pensando que el dinero es público, procedente de los impuestos de todos, en absoluto sería injusto. La mismas Leyes de la Competencia sobre la que se argumentó la desaparición de las tarifas profesionales, por no decir la Constitución misma y su espíritu de abrir las mismas oportunidades a todos, constituirían la base para esta posibilidad.

Lo cierto es que los Concursos abiertos de una sola fase se plantean demasiadas veces con una gran exigencia documental y de definición, con niveles de anteproyecto, de forma más o menos explícita. En estos casos, en los más atractivos, cientos de profesionales emplean grandes cantidades de tiempo, esfuerzo y dinero para ofrecer a la Administración un extraordinario abanico de opciones a coste cero, cuando no –qué desfachatez– se exige además una cuota de inscripción, que intenta ser disuasoria, para gastos o premios.

En el panorama de los Concursos hace tiempo que están surgiendo los abusos y los hay de diversos tipos:

Determinadas iniciativas privadas comienzan a "aprender de la Administración" y pretenden abusar de la misma forma de nuestro trabajo, montando "concursos" con pocas garantías para el profesional, por supuesto sin compensación económica, en la que a veces se esconde simplemente el deseo del "gestor" de quedar bien con su cliente, incluso cuando la decisión del encargo estaba tomada de antemano.

Luego están los Concursos de grandes obras públicas por "invitación".

Concurso edificio Manuel Silvela. Boceto.

Entendemos que una Administración desee tener una obra proyectada por algún reconocido arquitecto de la constelación del momento y que un concurso abierto, si es verdaderamente anónimo, lo ponga en peligro. Pero una cosa es entender y otra admitir. Si el estrellato señala a veinte o treinta estudios, españoles y de otros países, habituales de estas invitaciones y que acaban acaparando los encargos, existen, puede afirmarse, muchos otros arquitectos capaces de aportar un nivel similar en esos mismos países, también en el nuestro, a los que se hurta sistemáticamente esa posibilidad. Si se justifica por "el interés público" esas invitaciones, me encantaría que algunos juristas de prestigio, ahondaran en estas circunstancias y enfrentarán a esta afirmación –por las razones expuestas y tratándose de dinero público– otros argumentos legales de peso que a mi me parecen evidentes.

Luego están los problemas que se detectan en los Concursos de *Asistencias técnicas para Contratos* de las propias Administraciones públicas. Esos concursos se refieren habitualmente –con excepciones que luego comentaré– a obras de menor entidad que las del apartado anterior. Son los más numerosos y sus deficiencias afectan a un gran número de arquitectos en todo el país.

En la marejada de lo que nos pasa, que es mucho, puede que estas cosas se pierdan, pero afectan al día a día de todos nosotros cada vez que nos enfrentamos a un Concurso –que son muchas veces. Son situaciones injustas y evidentes pero que necesitan ser enfrentadas y resueltas por el

Dibujo interior biblioteca U.C. Ávila.

bien de todos. Aunque algunos concursos, como los gestionados en Madrid por la oficina de Concursos del COAM, con Jurados, nos liberan afortunadamente de estas limitaciones, son mayoría los Concursos y Licitaciones de la Administración en los que se producen.

Envié al Decano del Colegio de Arquitectos de Madrid, la relación de alguno de los problemas más importantes que nos afectan en este tema, con el ruego de su consideración y puesta en marcha de medidas y estudios jurídicos que permitan afrontar su solución en el menor plazo posible.

Los relaciono a continuación:

• *Revisión y tutela de los pliegos de concursos públicos*, plazos y contenidos.

Defensa inmediata ante la denuncia de un colegiado sobre situaciones de injusticia o incumplimiento de las Bases o Pliegos publicados de un Concurso.

Se anuncian habitualmente en los Boletines oficiales (BOE y de Comunidades) concursos para Asistencias técnicas con un plazo tan escaso que, o suponen la irresponsabilidad del convocante, comprometiendo

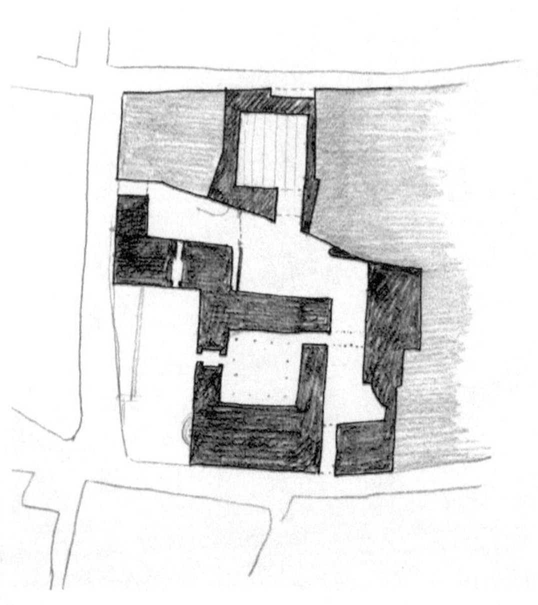

Asamblea Extremadura, planta.

Apunte Concurso Asamblea
de Extremadura.

dinero público sin tiempo para la redacción de los proyectos o generan la seria sospecha de nepotismo y prevaricación por estar redactándose por alguien desde mucho antes de su publicación. Con frecuencia se aducen vergonzosas e injustificadas razones de "urgencia en redactar los proyectos" en procedimientos que llevan años de gestión. Estos tipos de Concursos se refieren a veces a grandes obras de determinadas "especialidades" –a estas excepciones me refería antes.

Todas ellas son situaciones dignas de ser investigadas, perseguidas y denunciadas, en su caso, desde el CSCAE y COAM (desde cualquier Colegio territorial).

• *Exigir de la Administración la anulación de la exigencia de solvencias técnicas* que ponen en duda la habilitación del título de arquitecto y el contenido de las competencias reconocidas en la Ley de Ordenación de la Edificación. El haber realizado "obras similares" en los últimos (3 ó 5años), no solo anula la posibilidad de optar a los más jóvenes,

Portada Instituto Francés de Madrid   Detalles fachada Instituto Francés.

sino que establece un criterio *no científico* sobre la "pérdida de capacidad para proyectar", concentrando de forma exponencial las obras más importantes cada vez en menos manos, lo que supone una prevaricación encubierta desde un instrumento como los Pliegos de Condiciones, de rango inferior a las leyes que regulan nuestra profesión.

- *Exigir de la Administración la anulación de los avales provisionales para los Concursos*. Esta práctica carece de sentido *al no existir objeto a avalar*. El único que expone trabajo, tiempo y dinero es el arquitecto para que la Administración elija gratis. Sería el arquitecto quien necesitaría aval ante frecuentes abusos de las administraciones. Los jóvenes son discriminados ante la dificultad de conseguir estos avales. Ganan los bancos sin contraprestación y la profesión gasta ingentes cantidades de dinero en ellos.

Creo que este es el panorama real, no me he inventado nada.

Las cosas no se solucionan lamentándose. Es necesario que las instituciones que nos hemos proporcionado, el CSCAE y los Colegios territoriales, se pongan a trabajar –para eso están y si no, no los necesitamos– para defender estos aspectos de justicia y de dignidad para nuestra profesión.

CONSTRUIR EL VACÍO - COSTRUIRE IL VUOTO

*Conferencia en Roma, Casa dell'Architettura, Piazza Manfredo Fanti, 47,
Exposición "Madrid, 100% Arquitectura", julio de 2008.*

He comenzado proyectando algunas imágenes de los últimos edificios del panorama internacional.

Imágenes como estas primeras que mostramos, resultan familiares en las publicaciones de arquitectura y también en nuestras ciudades.

Hay una legítima pugna por ser actuales, por incorporar a la arquitectura los logros del arte, por encontrar nuevas formas de expresión y nuevos lenguajes.

Sin embargo la arquitectura no es exactamente un arte puro, es un arte singular que tiene, a mi juicio, en el ser humano su objetivo. Es lo que da sentido y justifica su existencia.

Sin duda hemos atravesado una época, creo que terminada, en la que una injustificada euforia económica ha hecho pensar a muchos que la cualidad artística de la arquitectura, justificaba la creación de *objetos arquitectónicos* con valor en si mismos, más allá de una utilidad contrastada.

Una sociedad acrítica y, en contra de lo que cabría pensar, mal informada y con pocos cauces para expresar su desacuerdo, ha asistido a la utilización de la arquitectura en operaciones de prestigio por Instituciones públicas y privadas que, en nuestro primer mundo, han elevado la arquitectura al dudoso nivel de las revistas de sociedad y de moda.

Otros ejemplos nos muestran sin embargo como es posible obtener muy altas prestaciones y hacer evolucionar la Arquitectura con un sentido más equilibrado de la relación entre medios y resultados. Más con menos.

Quiero plantear *dos reflexiones* alrededor de estos temas:

La primera tiene que ver con el *objetivo social* de la arquitectura.

Algunos arquitectos estrellas, cuyos nombres resultan ahora conocidos y habituales en las conversaciones de quien jamás se había interesado por la arquitectura, han recibido encargos casi con un cheque en blanco, dispuestos incluso a rogar y a esperar turno por tener una obra suya. Esto no es nuevo y conviene recordar que ha sucedido ya en otras épocas. Somos reincidentes. Es cierto también que las ciudades se han dado siempre a conocer por sus edificios singulares, por sus iconos que, en cada uno de sus siglos siempre resultaron proporcionalmente muy costosos. Ahora también y probablemente más que nunca.

Tal vez, como decía antes, lo extraño es que esto se produzca en una sociedad de la información y de los sistemas democráticos en la que sabemos que *cada día*, en los otros mundos, solo un poco más allá, mueren decenas de miles de personas por hambre y por carencias sanitarias. *Cada día* hay más muertos por esas causas que los que producen *al año* todos los terremotos y catástrofes naturales que nos asombran, un tanto hipócritamente en las noticias de televisión. Basta sin embargo, para acallar conciencias y pasar a otro tema, con llamar demagogos a los que denunciamos repetidamente esta insensibilidad.

Jean Baudrillard, el gran filósofo y sociólogo francés, fallecido apenas hace tres años, anotaba en 1983 en su libro *Estrategias fatales*:

> *"La violencia, la miseria y la ignorancia forman parte, sin ser superadas, de la sociedad contemporánea, aunque los individuos terminen por no percibirlas."*

Y en su texto *El poder de la palabra* expresaba de forma tan reveladora como inquietante:

> *"Para atemperar los estragos de la realidad hemos escogido esa forma cultivada, dócil, de simulacro que es la forma estética."*

Disparada la arquitectura a toda la velocidad del tren del arte, tengo la sensación de que se esta dejando al ser humano en la estación. Que en esta fiesta inconsciente estamos olvidando el fundamento y fin social de la arquitectura, que debe procurar espacios para las necesidades y los legítimos sueños de todos.

Segunda reflexión: *Objetos frente a Espacios. Construir el vacío. Costruire il vuoto.*

Este es también el título genérico de un libro que acaba de ver la luz. Su contenido y el de esta conferencia hablan a las claras sobre mi convicción sobre *el protagonismo del espacio* en la arquitectura.

Lo que para mí resulta casi obvio, parece desecharse en la actualidad: La importancia creciente que los medios de difusión de arquitectura otorgan a la imagen de los *objetos arquitectónicos*, en los que parecen haberse convertido los edificios más publicitados, ha hecho dudar a muchos –otros ni siquiera ya dudan– sobre si el principal objetivo de la arquitectura en este momento es llenar las ciudades de iconos recordables, objetos de culto, que los arquitectos y estudiantes puedan consumir con avidez en revistas y viajes y que los representantes de las Instituciones, públicas o privadas, puedan presentar como signos de identidad de su paso por el cargo.

Podemos citar de nuevo a Baudrillard:

> *"Las cosas se convierten en objetos cuando renuncian a expresar su funcionalidad."*

Martiaenssen,[1] en su estudio sobre el espacio griego, señala el carácter objetual de los templos en las acrópolis, cuya percepción esta ligada al recorrido procesional periférico. La visión parcial de la fachada en un instante deriva en secuencia con el movimiento, lo que permite, además de leer las historias de sus frisos, espejos de los rituales, completar la percepción de su forma. La naturaleza del edificio ofrece sin embargo la magia de presentir su totalidad desde esa percepción inicial.

El interior es preservado como casa del dios al que se erige. El bosque pétreo peristilo le guarda.

Ya desde la propia Grecia y después sin duda por la poderosa y más descreída Roma, se evoluciona hacia la paulatina sustitución del dios por el hombre como centro del mundo. Ocupa el lugar del dios dentro del peristilo convirtiendo ese espacio en el centro de su casa. En la ciudad, el ágora abierta hacia la naturaleza inasequible en Epidauro, se hace foro limitado por lo denso. En lo que hoy llamamos plaza, o patio, el vacío es protagonista frente al aparente anonimato de su contorno.

"Objeto" frente a "espacio". Un antagonismo imposible y un equilibrio en tensión necesario, que hoy parece desnivelarse ante la fotogenia del icono. La *visibilidad* parece una condición prioritaria. ¿Tiempo de templos?

Sin embargo es en los espacios que nos proporciona la arquitectura donde nos desenvolvemos la mayor parte del tiempo: domésticos, de trabajo, de

---

[1] Martiaenssen: *El Espacio Griego.*

aprendizaje, de ocio, urbanos... Son *vacíos construidos*, definidos por la
cualidad –forma y materialidad– de unos límites que la luz se encarga de
desvelar. Hoy mismo me he vuelto a emocionar en el Panteón de esta ciudad de Roma.

Ha quedado claro que no me refiero tan solo a los espacios *interiores* de
un edificio. Aludo, bajo ese mismo concepto, a cualquier paisaje o ámbito
urbano y, en sentido aún más amplio, a todo lugar que la Arquitectura con-
forma o modifica.

Una ciudad que crece y se transforma a impulsos preferentemente económicos ofrece poco margen de sosiego y de reflexión sobre sus espacios
habitables. La ciudad que se conforma a partir de eventos aislados y obje-
tuales puede ser reflejo fiel de nuestra sociedad e incluso de la cultura
reciente pero, con muy pocas excepciones, ha sido incapaz de ofrecer espacios urbanos de la calidad y tensión que encontramos en la ciudad heredada. El espléndido Pompidou es también deudor del vacío que le enfrenta –
plaza levemente inclinada– contenida a su vez por la ciudad densa que lo
rodea. Pensemos en la falta de fortuna en la ubicación de Torres Blancas o
en la cada vez más imposible "Plaza" de Castilla en Madrid.

Probablemente la creciente condición de los edificios como contenedores
de eventos variables ha hecho desconfiar también a los arquitectos sobre
la permanencia de esos valores del espacio, que se manifestaban, por el
contrario, esenciales en las arquitecturas pretéritas. Sus contenidos sim-
bólicos, necesarios para su comprensión, me interesan sin embargo
menos que la energía, a veces colectiva, que fue capaz de generarlos, aunque en algunos casos se mezclen en sus orígenes.

Forman parte de mí las sensaciones captadas en esos lugares: el rítmico
proceso hacia la oscuridad –hambre de sombra pautada y hecha rito– de
los templos egipcios; El espacio comunicativo y expansivo a la vez de las
ágoras y foros de la herencia clásica. Las evocadoras ruinas del templo de
Poseidón en Cabo Sunion, que puede hacer aún más bello el atardecer y
la puesta de Sol sobre el Egeo.

No puedo ocultar tampoco mi admiración por los interiores bizantinos y
medievales, la maravillosa proporción y captación de la luz o de su ausencia, del sonido o del silencio. Me parece imposible separar el espacio de
una catedral del retumbar de un banco removido. Más adelante, por el
rigor y equilibrio interior-exterior-naturaleza, de las villas de Palladio y

después, otra vez, por el protagonismo del espacio móvil, ascendente, de Borromini.

En nuestra tradición cercana contamos con el extraordinario ejemplo de la Alhambra. Su arquitectura hacia el vacío del Darro –hacia la ciudad– nace del encuentro armónico de dos poderosos: la geometría y la roca, pero, sobre todo, de la *energía interna de los patios*. Esto permanece de forma sensible en nuestra memoria, aun cuando no recordemos el detalle de los edificios que limitan y en realidad conforman esos vacíos.

Pero he sentido las mismas sensaciones en las obras de los maestros de las distintas edades del movimiento moderno, estudiadas hace tanto y conocidas hace tan poco, pues antes mis medios no me lo permitieron y no había las oportunidades que hoy tienen nuestros alumnos: En el pabellón de Mies en Barcelona, en Villa Mairea y Säynätsalo, en La Tourette y sobre todo en Ronchamp, en las obras tan distintas de Scarpa, de Scharoun, de los Smithson, de Zumthor, en las del admirado Siza, y en las de tantos ilustres maestros españoles. Desde orígenes tan diversos, todos y otros muchos han construido ejemplos de esa energía interna que se transforma en espacios de arquitectura.

Normalmente es más difícil explicar –y entender– un espacio que un objeto. Tal vez exista una mejor formación, por lo común, para apreciar las cualidades de la forma... pero también es verdad que es más fácil fotografiar un objeto que un espacio de arquitectura. La percepción del espacio requiere la experiencia del edificio, recorrerlo y sentirse rodeado. El giro de cabeza, la mirada, el sonido, permiten captar aspectos que resultan inabordables aún para el mejor fotógrafo... Pero son los medios gráficos los que difunden la nueva arquitectura por todo el mundo. Me pregunto si, tal vez una no lejana revista de realidad virtual, nos permitirá difundir la experiencia espacial y devolverle su protagonismo.

En un sentido aún más amplio, la experiencia de un espacio arquitectónico requiere contar con el tiempo como factor determinante para su percepción. En ese sentido explica Zumthor[2] su captación de la "atmósfera" de un lugar o de un edificio. Me gustaría que se captaran estos espacios,

---

2 Zumthor. *Atmósferas.*

aunque sean elementales, como pura experiencia, como indica Böhme,[3] al margen de cualquier significado limitador.

[*Imágenes de esculturas de Chillida, de Tindaya y de los templos excavados del valle de Ellora en India*]

Si bien nosotros "construimos espacios" como expresa esa otra escultura de Oteiza la naturaleza del espacio es conceptualmente sustractiva y extractiva, como en la escultura arquitectónica de Eduardo Chillida.

Concebimos huecos en la materia continua.

[*Imágenes de la evolución del hueco dentro de la materia*]

El espacio, el hueco, el vacío, tiene como límite la materia y recibe las cualidades de esa materia. Estudiamos la naturaleza de esos límites para conseguir que sean estables y respondan a unos requisitos de protección, aislamiento, etc., después la luz se encarga de desvelar-revelar esas cualidades, su proporción, su profundidad, su transparencia u opacidad, su textura, su color... El hueco esta dentro de la masa dispuesto a que lo construyamos y demos forma.

Hemos aprendido a estudiar la estructura de los objetos desde la naturaleza. Las rocas, los árboles y los frutos. Aprendimos de sus estructuras de sustentación y crecimiento al seccionarlos y construimos plantas y secciones *de la materia*. Con ellas estábamos al mismo tiempo *estableciendo la naturaleza y cualidades del vacío*. La construcción como medio, *el vacío como objetivo porque es el lugar que habitamos*. Costruire il vuoto: El ESPACIO de arquitectura para el hombre que lo habita.

Reivindico esto porque mientras los iconos hablan de signos económicos, de poder o de representación, *el espacio nos es propio y por eso lo considero el autentico objetivo de la Arquitectura*.

Estas ideas han guiado mi actividad profesional y también mi labor como profesor de proyectos arquitectónicos en la Escuela de Arquitectura de Madrid durante más de treinta años.

---

[3] Gernot Böhme. *La atmósfera como concepto fundamental de una nueva estética*. Publicación Universidad Europea de Madrid.

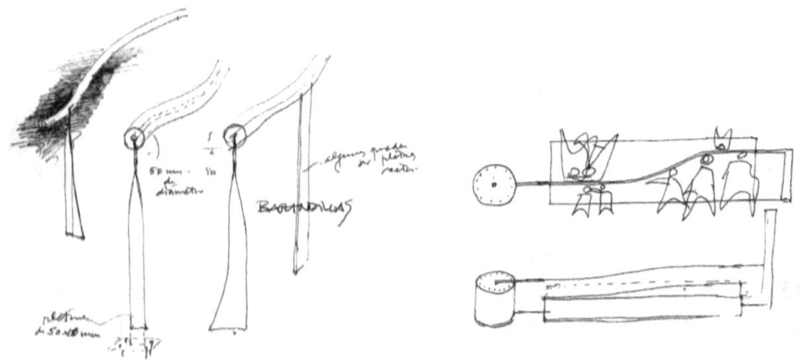

Dibujos de barandilla luminosa y banco, señalización y papelera para al Expo de Zaragoza.

Final

Somos constructores de conceptos.

Porque el proyecto nace antes de nacer. Hay una energía que emana de una voluntad de ser. Igual que una ciudad nace de sus razones fundacionales, antes del proyecto *hay una intención latente en la Institución que lo promueve, en el contenido y en el lugar.* Entender esos propósitos, esos objetivos es nuestra primera labor. La escultura de Calder, el mar, la calle, siempre serán distintas pero siempre serán iguales. También un Museo quiere ser ante todo un Museo aunque pueda cambiar la forma de contar su contenido.

El proyecto entonces quiere ser, busca ser de una determinada forma. Nosotros somos primero que nada *acompañantes* de esa intención y *después catalizadores e intérpretes de sus secretos*, de esa *forma de ser esencial*.

Si ante esa oportunidad para la Arquitectura, el edificio finalmente no responde a aquellas intenciones originales, no estará bien, no habremos acertado. Podrá incluso ser celebrado en un primer y provisional juicio pero el tiempo acabará estableciendo un juicio definitivo.

Creo que deberemos ser esenciales, esta es nuestra responsabilidad ante un mundo de bienes escasos, *siempre fueron escasos*, que nos exige sentido social y que debe contemplar la creación de espacios plenos de imaginación creativa pero verdaderamente útiles, construidos con medios razonables y proporcionados, que devuelvan al ser humano su protagonismo.

MESAS ARQUITECTURA PLUS. EDIFICIOS PARA EL TRABAJO

Encuentro de diversos profesionales de la construcción sobre los espacios terciarios.

Reflexiones sobre los temas y cuestiones planteadas, comentadas en el debate y después contestadas para la publicación de las conclusiones de este encuentro. Aproveché para aportar un punto de vista crítico sobre diversos aspectos de LA CIUDAD que habitamos.

A. Panorama actual

¿Cuáles serán las claves para proyectar un edificio para el trabajo en los próximos años?

Hace algunos años escuché a Paco Sainz de Oiza que tal vez se volvería a trabajar en casa y que eso, de producirse, supondría una importante transformación en la ciudad.

Todos los medios para la comunicación de que disponemos nos permiten ponernos en contacto, cada vez con más calidad, con personas a cualquier distancia, incluso mantener una reunión de trabajo con varias personas además de intercambiar todo tipo de datos y documentos gráficos. Por lo tanto tendríamos que hacer un diagnóstico serio sobre la evolución de esta forma de trabajo. Su incremento, incluso su generalización, podría hacernos pensar que las empresas tendrían sedes más reducidas y especializadas en la dirección y las reuniones de grupo y que una parte del trabajo se realizaría en otro lugar, incluso en otro país. Esto lo hacen ya, como sabemos, muchas empresas de servicios porque ahorran gastos, incluso aceptando la perdida de calidad evidente en sus prestaciones, lo que por otro lado es posible por la falta de exigencia de calidad del usuario o más bien por las dificultades de canalización de esas exigencias.

Si se generaliza el trabajo a distancia en casa podríamos asistir a una demanda de viviendas algo mayores que incorporen áreas de trabajo. Asistiríamos sin duda a transformaciones internas en el diseño de las viviendas; transformación de sus instalaciones, etc. Puede que una parte de la edificabilidad reducida en los edificios de oficinas se trasladara al tejido residencial. Incluso que hubiera que reconsiderar la calificación urbanística de áreas terciarias.

Edificio T-7 Alcobendas con J. L. Izquierdo.

Habría que analizar muchas cosas alrededor de este tema:

En el lado positivo una ganancia de tiempo para la familia o el ocio, al eliminar parte del tiempo de desplazamientos, con una consiguiente reducción del gasto energético del transporte; y una reducción del estrés por el tiempo perdido, los atascos, etc.; en el negativo sin duda la falta de contacto diario con compañeros de trabajo, con posibles problemas de soledad y falta de apoyo, un excesivo n° de horas de contacto familiar sin descanso ni alternativas, un extrañamiento de la movilidad y los espacios abiertos, etc.

Creo que en ese panorama tienen para mí más peso los aspectos negativos, pues aquellas ventajas podrían obtenerse merced a una ciudad mejor organizada y una reflexión más profunda sobre la escala, formas de uso, horarios, transporte, etc.

Por eso no soy muy partidario de este tipo de soluciones. Creo que el espacio y el tiempo que media entre el lugar de trabajo y el de habitación es un tiempo psicológicamente necesario. Pero todo lo anterior nos debe hacer pensar si la ciudad grande, en la que se concentra la mayor parte el trabajo, nos esta ofreciendo las soluciones adecuadas para evitar esos problemas o los esta acentuando.

Las mejores soluciones responden siempre a unos espacios concebidos pensando en las personas que los usan –pasamos más horas en nuestro entorno de trabajo que en ningún otro lugar– más que en términos de rendimiento, aunque afortunadamente son aspectos convergentes. Todo esto implica tanto a la creación de espacios adecuados y agradables como a una reflexión sobre la ciudad de la que, a partir de un determinado tamaño, estamos recibiendo más inconvenientes que ventajas. Más adelante comentaré algunas soluciones que se están empleando y que considero claramente equivocadas.

¿Cuáles son las principales novedades que se están implementando hoy en día en este tipo de edificios?

Desde luego las que se derivan de los avances tecnológicos: los sistemas de comunicación; los sistemas de gestión de todas las instalaciones; los automatismos que se incorporan al edificio. El ahorro de energía y los sistemas pasivos para dicho ahorro; diseño energético del edificio que contempla y aprovecha las condiciones naturales del entorno y las cualidades geométricas de la construcción; el reciclaje de residuos, etc. De casi todos estos temas se escribe y se prescribe normativamente mucho, pero quiero insistir en la importancia de dos de estos aspectos:

- El diseño conceptual del edificio en cuanto a orientación, geometría, protecciones, aprovechamiento de la temperatura de las masas de aire, cualidad de los materiales para su vida útil en el lugar de su construcción, adecuación del diseño constructivo a las condiciones del lugar, etc. Es decir de todas aquellas cosas que han distinguido siempre un buen edificio incluso al margen de su imagen más o menos novedosa.

- Una mención expresa a la importancia de lo consumible. Debemos asumir de una vez por todas que todo lo consumible debe ser reciclable y no contaminante, incluyendo los muebles, que tienen una vida útil relativamente corta y que suponen ingentes cantidades de residuos.

Lo mismo podríamos decir de los acabados, tema éste importantísimo. Un edificio que reúna las excelentes condiciones del punto primero –porque sino lo mejor es demolerlo– debería poder "desmontar" acabados sin apenas obra, con construcción limpia y seca y volver a montar con facilidad otros distintos. Aunque ya se van haciendo cosas en esta línea creo que es un reto de futuro inmediato que implica a la industria y a los diseñadores.

¿Qué dificultad comporta responder a la demanda de proyectar un edificio icónico para una compañía?

Edificio para Universidad UDIMA con J. Laguna.
Fotografía: Lluis Casals.

Hay dos cosas que pueden envejecer rápidamente en un edificio: las instalaciones, que fácilmente se quedan atrasadas, y su imagen. Cuanto más responde esa imagen a una moda –por la propia naturaleza de la moda– antes envejece. Siempre admiro la naturalidad de un edificio bien concebido. Su imagen suele conservar valor, permanecer en el tiempo. Deberíamos juzgar la arquitectura con una cierta distancia y obtendríamos un criterio más claro sobre su valor. Naturalmente hay algunos edificios de una calidad extraordinaria que coinciden con ese carácter de iconos para una ciudad, para un enclave. El problema es que, una vez publicitados, se convierten en referencia para cientos de edificios mediocres.

Se hacen edificios reconocibles y bellos pero se hacen también edificios distintivos que destruyen un paisaje, urbano o natural, mucho más allá de los límites de una propiedad o solar. La ciudad, el paisaje, es de todos. En época de persecución de contaminaciones, no parece nadie plantearse la fealdad o la estridencia sin cuento como una de las contaminaciones más destructivas, por el ámbito de su influencia, por los millones de personas a las que afecta y por su duración dilatada. Proporcionar fealdad, y contribuir a la destrucción del buen gusto debería a mi juicio tener una consideración cercana al delito, pero una forma de televisión de éxito se encarga, con su ejemplo diario, de alejar cada vez más a la gente de ese buen gusto y de las formas de pensamiento más cultas y refinadas.

Cada vez hay una mayor apuesta por el concepto de oficinas-paisaje en las que la presencia de vegetación el interior convierte a estos edificios en oficinas-jardín. ¿A qué se debe esta concepción?

Trabajar en un jardín es apetecible, si se cumplen las ventajas del jardín. No se qué dirán los psicólogos ni los estadísticos del rendimiento en el trabajo. Yo creo que proporcionar un ambiente agradable para el trabajo siempre es positivo y a veces los edificios contemporáneos pecan de una frialdad ambiental excesiva. La vegetación da confort visual y añadiendo este elemento natural amable se compensa aquella frialdad. Pero también hay bastantes tópicos sobre todo esto: en cuanto se inventa una palabra: oficina paisaje, sostenibilidad, etc, se manosea y empieza a oler mal. Lo importante, con vegetación o sin ella, es la calidad del espacio y eso depende de la proporción, de la relación entre escalas, de la luz, del sonido, del equilibrio entre transparencias y opacidades, de los materiales y sus cualidades, en definitiva de la arquitectura y de la captación de la misma a través de todos los sentidos.

Un espacio de trabajo debe tener a mi juicio, siempre un punto de calidez y el suficiente grado de abstracción para que no canse.

¿El sector de la rehabilitación, cambio de uso, ampliaciones y reformas será capaz de absorber la menor demanda de construcción de obra nueva?

Solo en parte, depende como siempre de cuestiones económicas: Rehabilitar supone implementar instalaciones exigentes en un edificio que no siempre dará facilidades a un coste razonable. Pero si el edificio a rehabilitar permite soluciones flexibles, puede resultar más económico que un edificio nuevo. Si después de un detenido estudio, compensa ese sobrecoste sobre los ahorros que supone una estructura existente, se obtiene la ventaja de una posible implantación ventajosa en la ciudad. Esto puede ser especialmente interesante para empresas de servicios de tipo medio y calidad alta que no requieren edificios "icónicos" sino una imagen ambiental interior cuidada y un lugar bien relacionado para su negocio.

B. Propiedad

¿Existen diferencias a la hora de abordar un edificio para el trabajo para el sector público o para el sector privado?

No respecto de las condiciones de los puestos de trabajo, consideraciones
sobre el confort y los requerimientos, instalaciones, etc. Tampoco sobre los
aspectos conceptuales del diseño del edificio en relación al lugar, aprovechamiento y ahorro energético, cualidades constructivas, etc.

La principal diferencia estriba en la normalmente equivocada gestión en
la construcción de los edificios públicos. Presupuestos poco realistas a
la baja y plazos mínimos para la realización de los proyectos, cosas
ambas que se puntúan al alza en los concursos y licitaciones. Los refor-
mados, demoras en la construcción y problemas en los acabados son
defectos que se derivan de aquel planteamiento. Me encantaría disponer
de una estadística sobre si este procedimiento resulta ventajoso realmente para la administración o si el enorme desgaste de energía que
supone defender la calidad de una obra en estas condiciones no acaba
con un coste similar, en dinero y tiempo, al que podría haberse planteado
desde un principio, y con un resultado final de menor calidad de ejecución
que el que se hubiera obtenido con aquel planteamiento..

*¿Es importante que los despachos de arquitectura conozcan la cultura
empresarial del cliente para poder llevar a cabo mejor sus proyectos?*

Sí, desde luego. Trabajamos para alguien que precisa soluciones a sus
necesidades y que arriesga su dinero. Es una gran responsabilidad para
nosotros. Es deseable igualmente una mínima introducción del sector
empresarial en los objetivos de la Arquitectura como valor de cultura,
pues muchas de las cosas que hoy hablamos aquí precisan de ese mutuo
entendimiento.

C. Flexibilidad y mezcla de usos

Los lugares de trabajo deben adecuarse cada día a nuevas necesidades
de espacio, son un cuerpo vivo que cambia según su crecimiento y adap-
tándose a los avances tecnológicos.

*¿Cuáles son las claves a la hora de proyectar un edificio para el trabajo para
permitir la flexibilidad posterior?*

Respecto del espacio físico, varias cosas:

1. Una moderada concentración de elementos de servicio y comunicaciones en los lugares menos favorecidos para la luz y las áreas de trabajo, que permita liberar para las actividades principales el resto del espacio. El límite son las circulaciones demasiado largas, aunque hoy ese aspecto queda regulado prácticamente por los requerimientos de evacuación, incendios, etc.

2. Una estructura modular del espacio asociada con una estructura resistente que se sitúe en áreas y líneas que permitan liberar las zonas susceptibles de compartimentar.
Cualquier elemento fijo, estructural o no, que condicione posibles variaciones de utilización y distribución es poco deseable. No se trata de incorporar estructuras de grandes luces sino de estudiar detenidamente la posición de los elementos invariables para liberar el resto y obtener un espacio flexible susceptible de admitir modificaciones.

3. Una concepción modular de la fachada que permita, sin distorsiones, esa movilidad en la organización interior.

4. Una concepción modular de las instalaciones que permita, en suelo y techo asumir sin perdidas de confort (y de acuerdo con las especificaciones del CTE) las variaciones posibles en la sectorización y aproximar al óptimo la relación entre uso del espacio, tiempos de uso y consumo de dichas instalaciones.

Pero es necesario también mejorar la cultura del uso. Hace tiempo no se utilizaba el aire enfriado y el usuario se adecuaba mejor a las posibilidades existentes. No siempre es necesario climatizar tanto, ni en frío ni en calor, pero nos hemos malacostumbrado y el nivel de exigencia eleva el coste en ocasiones por encima de lo razonable.

¿Los paneles móviles son la mejor solución para los tabiques utilizados para separación de estancias y distribuciones interiores?

En muchos casos sí, otras veces basta con elementos desmontables y reutilizables si pensamos que la variabilidad tiene una vigencia temporal suficiente.

Bien estudiados en su disposición, los paneles móviles no solo permiten establecer situaciones de privacidad o comunicación espacial temporal sino que generan un espacio móvil variable de gran atractivo contra la monotonía de los espacios de trabajo.

También es un problema de educación. El respeto a los demás, el hablar en voz baja en los espacios generales, etc. Podríamos decir, exagerando un poco, que el número de separaciones y de puertas es inversamente proporcional a esa educación. A veces el uso confidencial de un espacio hace inevitable la separación. Requiere, eso sí, un sistema de instalaciones muy sofisticado, que permita respuestas puntuales *a medida* para cada exigencia –lo que es caro– o una ambientación general que debe contar, como antes indicaba, con esa cultura del usuario.

Es importante en este tema el estudio acústico pues el sonido generado en un punto debe ser absorbido cerca de ese mismo punto para evitar interferencias.

De todas formas en todo esto se avanzará mucho. La historia de la humanidad es la de crear artefactos que sustituyan o complementen las carencias del ser humano. Están ya en uso o en marcha inventos que separan sin romper el espacio, como los cambios en la condición visual de los vidrios o barreras invisibles de sonido y muchos otros que aproximan a nuestra piel una gran parte de esas soluciones al mismo tiempo que avanzan las posibilidades de interacción con el medio.

Además de cumplir el programa funcional, ¿compartís la creencia de que el reto para el arquitecto pasa por dar liebre por gato y enriquecer el proyecto con espacios intersticiales de relación?

Todos sabemos cual es el sentido original de la frase tantas veces utilizada por los arquitectos pero...

Si el gato es el cumplimiento de las necesidades y la liebre hacer un edificio hermoso con espacios agradables e interesantes que aporte integración y cultura al entorno lo que hay que dar es liebre y gato.

D. Integración en el entorno

¿Cómo un edificio de oficinas puede ser un dinamizador del espacio público y de la ciudad?

Un edificio inclusivo llama a la ciudad y la convoca alrededor... y bajo el mismo. Un edificio exclusivo-excluyente hace lo contrario. Crea barreras. Soy partidario como dije antes de un espacio urbano fluido que rompa en cierto modo o al menos en parte el derecho sobre la propiedad vertical.

Habría que imaginar que lo específico y privado se eleve del suelo y

volvamos a recuperar éste para lo común. Planteé este tema en un reciente concurso en Japón...

Si la ciudad fluye entre y bajo los edificios y en los espacios de andadura
con la complicidad tan solo del comercio, la cultura etc. mientras el ámbito para el trabajo y la residencia quedan más arriba todos saldremos
ganando. Todavía hoy discutimos el ancho de las aceras sin darnos cuenta
que esa no es nuestra ciudad sino la heredada del XIX y que la ciudad
contemporánea debe transformarse recuperando los centros de las manzanas para la vida y la andadura. Los privados patios actuales deben ser
plazas y espacios de luz que conciten la actividad alrededor, sin el ruido
inmediato de los coches. Castro, Cerdá y después Zuazo, ya plantearon
diversas formas de entender esto. Hoy habría que ser más radical. Hacemos
peatonales las calles y creamos un problema. Lo que hay que hacer pea-
tonal son lo primeros 6 o 7 metros desde el suelo y crear un tejido cercano
y conectado al automóvil pero independiente y no aprisionado entre un
bordillo y una fachada. Seguramente hay hoy más sentido de ciudad contemporánea en un aeropuerto que en la ciudad heredada.

*En aquellos proyectos en los que un edificio de oficinas se levanta en un terreno
fuera de la ciudad, ¿cómo puede éste construir ciudad?*

Abundo en lo que acabo de decir. *Ciudades financieras, ciudades de la justicia, del espectáculo, centros de negocios, etc.* Tejidos que pretenden ser
autosuficientes y no pueden... porque en realidad no deben. Esa no es
nuestra ciudad. Esa no es la ciudad de nuestra cultura ni de nuestro clima.

Acaban incorporándose a la ciudad cuando esta se acerca y los absorbe,
pero bajo esa concepción las posibilidades de éxito son escasas. No
podemos pensar tampoco que creando iconos todo este solucionado. ¿Hay
algo más icónico que una catedral gótica? ¿Os imagináis una catedral gótica en medio del campo?

*¿Cómo se consigue combinar el interés de muchos clientes por un edificio
icónico con un buen encaje en su entorno inmediato?*

En algunos casos los edificios "icónicos" pueden encajar. Pero lo lógico es
que sean algo excepcional. Para que un icono quede bien tiene que ser
muy bueno el edificio.

En polígonos y zonas de uso terciario se ven demasiados edificios con
"pretensiones" de crear una imagen recordable. Algunos están bien pero

la mayoría no. Algunas de estas zonas parecen un baile de disfraces y en su conjunto denotan inconsistencia y falta de reflexión sobre la naturaleza del edificio y la naturaleza del lugar. Admiramos algunos barrios residenciales del XIX por que el conjunto se impone a la individualidad. Justo lo contrario de lo que hoy se pretende. Un edificio bien concebido y elegante no tiene porque ser una llamarada para el barrio o la ciudad. En esta subcultura empobrecida de la imagen fácil, todo el mundo quiere emular lo que ve en las revistas aunque no sepa y además falta también bastante crítica sobre lo que se publica.

¿Consideráis que el problema del planeamiento urbanístico es que siempre hay la sensación de que alguien ha estado allí antes, que hay una especie de camisa de fuerza que impide que una edificación concreta singularice la visión general urbanística?

El problema del Planeamiento urbanístico es que sus objetivos están bastante alejados de lo urbano y de la arquitectura. Se planifica para otras cosas y con otros intereses. Luego hay algún buen arquitecto que hace algo que esta bien y mejora un poco la imagen pero no mucho porque no puede. Con algunas notables excepciones, pero pocas, el urbanismo que se hace es muy malo. En Madrid, tenemos el ejemplo de los PAUS, un urbanismo deplorable, absolutamente alejado del entendimiento de la escala de la ciudad y de la vida urbana en un clima y un contexto cultural como el nuestro. Alguno de estos PAUS parece mejor preparado como escenario para una carrera de Fórmula 1 que para el más mínimo encuentro entre seres humanos. La falta de una elemental cultura urbana (en el colegio) del ciudadano –y de la prensa diaria– evita la crítica. La falta de interés de las revistas de Arquitectura por este tema esencial, también (unos y otros, arquitectos y revistas, entretenidos con los iconos). Hace muchos años publiqué en "Arquitectura" del COAM, un artículo "Ciudadanos y arquitectos" hablando de este tema.

¿Hasta que punto consideráis que la normativa constriñe la creatividad del arquitecto a la hora de abordar un edificio para el trabajo?

Hay muchas normas que son necesarias para evitar abusos y establecer pautas de convivencia muy elementales entre los edificios. Pero no deberían pasar de ahí y mantener ciertos grados de libertad dentro de estos marcos. En vez de eso se "preestablecen" soluciones, incluso formales, que hablan más bien del umbral máximo de imaginación de quien las propone, impidiendo por la vía de la imposición indebida, que otros hagan cosas más inteligentes.

E. Ahorro de costes y energía. Búsqueda de la eficiencia

¿Cómo contribuís desde la arquitectura a la consecución del máximo confort para los usuarios de un edificio para el trabajo?

Desde luego a través de un proyecto que piense prioritariamente en las personas que lo van a usar utilizando los medios más adecuados a cada caso con el mínimo coste de energía posible. Pero ya he dicho antes que convendría que los usuarios pusieran también algo de su parte.

Se va avanzando y lo que al principio era sobre todo confort climático es ahora también acústico, lumínico, de calidad del aire, calidad ambiental, etc. Espero, como he dicho antes, que algún día no lejano, el mal gusto se considere también una contaminación aunque habrá que empezar a formar el buen gusto en las escuelas. ¿Alguien se lo ha planteado?

¿Cómo lograr el máximo ahorro energético y de mantenimiento en estos edificios?

La correcta orientación es la primera. La adecuada disposición de las piezas o componentes de los volúmenes para conseguir la defensa ante la acción del sol en verano y aprovechando el sol de invierno mediante filtros variables. Sombras filtradas sobre las fachadas que permitan ese control estacional.

La introducción de luces indirectas sin incidencia sobre los puestos de trabajo. Los flujos de aire antes mencionados. La inercia de los materiales, Las ventilaciones naturales cruzadas, aprovechando las bolsas de aire más fresco captadas por las fachadas en sombra (exteriores o de patios) y los sótanos y canalizando los flujos de aire para un enfriamiento natural en verano, etc.

Es decir todo aquello que supone una adecuación pasiva del edificio ante las condiciones externas. Es decir un buen proyecto.

¿Qué materiales de construcción son más respetuosos con el medio ambiente?

Los que gastan poca energía en su obtención. Los que suponen menos degradación de las áreas naturales, especialmente de los bosques y el mar. Los que sus residuos no contaminan y pueden, transformados con una energía moderada y sin emisiones, reutilizarse, etc.

Me parece un reto de primer orden la investigación de nuevos materiales que reúnan estas condiciones. Ya se hace pero hace falta más interés y su consecuencia, apoyo económico.

¿Qué papel juega la formación del usuario para el correcto uso del edificio y su menor consumo energético?

Muy importante, como ya he comentado. Más vale que vayamos hablando en las escuelas (Primaria, Secundaria) y en la propia Universidad un poco más de todas estas cosas. Convendría usar por fin un medio tan poderoso como la televisión para educar en todos estos aspectos, (en lugar de seguir embruteciendo).

F. Sistemas de certificación

¿Los sistemas de certificación energética (LEED, BREAM, SpeAR...) hasta qué punto son un garante del correcto funcionamiento energético del edificio?

Los certificados son respetables y en general útiles, pero reconozco que me inspiran siempre un grado latente de desconfianza. Establecidos los parámetros a medir, a veces hay formas poco naturales de conseguirlos y que suponen otros costes. No me dejan totalmente tranquilo. Es como las Normas Urbanísticas. Cumpliéndolas se han hecho verdaderas aberraciones.

Hay que tener mucho cuidado con las "certificaciones de calidad" en general porque se confunde la calidad con aspectos cuantitativos. Seguro que encontramos muchos edificios con un sinnúmero de certificados de "calidad" a los que, después de desalojarlos, naturalmente, los demolería sin contemplaciones.

Dejemos un hueco también a la intuición de las personas sabias. La intuición es un atajo para la síntesis que establece relaciones entre los datos que operan en nuestro cerebro, ordenador extraordinario. Incorpora además emociones, cosa muy humana. No solo no es incompatible con la ciencia sino más bien desencadenante de tantas búsquedas y logros a lo largo de la historia.

Utilicemos las maquinas maravillosas que hemos inventado como instrumentos para mejorar el mundo, no para adorarlas. Reivindico la sagacidad del ser humano y sus sentimientos para alcanzar los objetivos que nos proponemos.

LA UNIVERSIDAD LABORAL DE ORENSE
Notas y recuerdos
Para una publicación sobre el edificio por la Universidad de Navarra, verano de 2002

Era primavera de 1974 cuando Julio Cano recibió el encargo para realizar este edificio. El ministro de Trabajo de entonces, Licinio de la Fuente, pues de este Ministerio dependían las Universidades Laborales, había prometido en Orense que, para el Curso 1975-1976, la ciudad gallega contaría con esta Universidad. Sólo año y medio para realizar el proyecto, contratar la obra y ¡construirlo!

El nombre de Universidad Laboral –creo que ahora se llaman Institutos de enseñanzas integradas– era sin duda un cierto eufemismo pero debe reconocerse que estos edificios suponían un intento muy válido de proporcionar a amplias áreas de población con muy pocas posibilidades de cursar estudios distintos a los primarios, un acceso a los estudios de bachillerato y una capacitación profesional especializada.

El programa docente era amplio y además los alumnos procedían en su mayor parte del medio rural y era necesario alojarlos en el Centro durante todo el curso, por lo que dicho programa incluía dos residencias para un total de 400 alumnos.

El lugar

El lugar disponible, en las afueras de Orense, cerca de la carretera de Zamora y Madrid, presentaba una forma irregular y una topografía accidentada en su mayor parte. También contenía, afortunadamente, una zona de pinar en su zona más alta, hacia el sur de la parcela.

Orense esta encajada entre montañas bajas, en el valle del Miño. Tiene un clima lluvioso y con nieblas que, con frecuencia, no levantan hasta bien entrado el día. Abrir el edificio hacia las orientaciones de sol para desecar y calentar las fachadas cuando desapareciese la niebla era desde luego un argumento suficiente para orientar las líneas de actuación

Julio conocía bien el programa pues había realizado dos proyectos similares en Albacete y Logroño con el arquitecto Ramón Campomanes y tenía en marcha la construcción de la Universidad Laboral de Almería, con Alberto Campo, Miguel M. Escanciano y A. Mas-Guindal. Con algunas particularidades en las especialidades de Formación profesional, los programas eran muy similares.

En todos estos antecedentes el terreno plano condicionaba poco y había sido posible establecer un esquema de varios ejes cruzados cercano al organigrama funcional de relaciones.

En este caso, además de la topografía, la existencia del bosque de pinos estrechaba el solar pero, como contrapartida, proporcionaba la posibilidad de abrir las estancias del edificio a mediodía y al mismo tiempo, hacia el amable y cercano paisaje arbolado, como una forma de apoderarse de él e incorporarlo como "campus" del Centro.

Origen del proyecto. El esquema lineal

Estos eran los condicionantes y la lectura del lugar. Recuerdo que en una de las primeras reuniones en el estudio, Julio esbozó un esquema lineal que rodeaba el bosquecillo y ahí nació el proyecto.

Dos pequeños mogotes en la parte del solar más cercana a la ciudad, que parecían al principio un obstáculo, sirvieron de apoyatura para "enroscar" en ellos las dos residencias, de traza curva.

El esquema lineal, que presenta como dificultad la longitud de las circulaciones y sus posibles interferencias, nos proporcionaba como ventaja esa posibilidad extraordinaria de incorporar el sol y el pinar dentro del edificio en cualquier punto del mismo. Para resolverlo era preciso elegir bien el lugar del acceso y disponer el programa de forma que aquellas interferencias fueran mínimas y pudiéramos evitarlas duplicando puntualmente los planos de circulación. De nuevo la topografía ayudaba y la entrada se estableció al fondo del frente ascendente de la parcela lo que permitía desarrollar antes los programas de ambas residencias e ingresar entre éstas y las áreas docentes.

El punto natural de contacto entre las dos áreas principales, residencial y docente era, naturalmente, el vestíbulo. Se concibió como un gran cubo vacío iluminado por la luz cenital que atravesaba un enrejado de vigas de hormigón. Situar la entrada en un punto alto permitía crear una secuencia de entrada interesante de abajo hacia arriba pero facilitaba además la utilización del vestíbulo como charnela e intercambiador de niveles. De este modo desde este vestíbulo se tiene acceso fácil y directo a los dos niveles de aulas que se extienden hacia el sur y a las residencias, dejando el comedor a un nivel más bajo, inmediato al jardín exterior.

El propio comedor es un nudo importante del esquema. Creo que también es una de las piezas más interesantes desde el punto de vista espacial. Se introduce en el jardín y queda rodeado por él. Su sección vertical explica la conexión visual con la cafetería y el uso de una segunda luz cruzada y filtrada, haciendo crecer y enredar las plantas hacia el lucernario alto que la rodea.

Todos estos mecanismos, que pueden seguirse en los planos, tienen a mi juicio interés, pues representan el manejo simultáneo de varios códigos: funcional, topográfico, climático y espacial en un entorno relativamente reducido. El edificio resulta especialmente "intenso" en este lugar.

Desde ese "centro del esquema" el edificio se extiende a ambos lados del mismo: hacia la ciudad y poniente, en la zona más accidentada, con las dos residencias, dos láminas curvadas con circulaciones por su cara norte y abiertas al sur en todas sus habitaciones con el intermedio de una galería acristalada de la que hablaremos más adelante. Cada residencia cuenta con tres plantas de habitaciones con un total de treinta y tres habitaciones para seis alumnos cada una. Cada dos habitaciones comparten una zona de aseos y duchas.

En la planta baja se desarrolla una serie de estancias comunes con áreas de reunión, juegos, televisión etc. Todas ellas se abren directamente al jardín. En la primera residencia se aprovechó una roca para introducir el jardín al interior, apoyando directamente en la piedra natural una cubierta de vidrio.

Hacia levante y sur se extiende el programa de aulas y talleres, quebrándose también levemente para rodear el pinar y hacer visible todo el desarrollo desde el propio campus. Esta "visibilidad" es importante pues incorpora el pinar como una parte más del conjunto. La concavidad abraza y convierte este espacio exterior en espacio positivo, en algo propio.

Las aulas y talleres se abren al pinar o a pequeños patios secundarios semiabiertos. Las galerías y pasillos de circulación muestran u ocultan alternativamente el campus, completando su iluminación con lucernarios.

El material. La construcción

Julio hubiera deseado realizar el edificio en piedra. Su admiración por la arquitectura gallega y muy especialmente por Santiago, de donde es natural su esposa Pilar, es manifiesta en sus dibujos y escritos.

En Santiago había realizado ya algunas obras: el Burgo de las Naciones, de acogida a peregrinos y unos grupos de viviendas en esa misma vertiente de la ciudad. Muchos años después tendría la oportunidad de construir en el primero de esos lugares el Auditorio de Música y Congresos empleando esa piedra granítica, tan bella cuando esta seca como cuando brilla, mojada por las frecuentes lluvias.

Dos razones de peso hicieron abandonar inmediatamente aquel deseo: El coste excesivo para el presupuesto que manejábamos, más por la cantidad de mano de obra necesaria que por el coste de la piedra –en Orense aún entonces, se utilizaban sillares de granito de gran tamaño para cerrar medianerías ciegas o fachadas secundarias–. En segundo lugar por la lentitud del proceso, que haría imposible terminar en el plazo tan perentorio que teníamos marcado.

Los muros de hormigón

El hormigón visto era sin duda la alternativa más similar, con la ventaja de la mayor rapidez de ejecución. El coste dependía, entonces y ahora, de la calidad de los encofrados. Estaba claro que no podíamos plantear la utilización de encofrados de calidad en madera. Haciendo números se vio que la única posibilidad era realizarlo con encofrados metálicos tratando de que el efecto de masa prevaleciera sobre la calidad de la textura. El tratamiento de chorro de arena con que se terminaron las fachadas no surgió en ese momento sino durante el transcurso de las obras, al ver que la calidad visual de los hormigones realizados, que se ejecutaban a demasiada velocidad, no resultaba suficientemente aceptable. El chorro de arena limaba los defectos principales sin eliminar los vestigios y texturas del molde. El tratamiento aclaró las fachadas pues al romper la cascarilla superficial del cemento dejaba aflorar el color cálido del árido dando un tono dorado al conjunto que se acentuaba con el sol de la tarde.

El resultado fue, en general y bajo estos presupuestos, satisfactorio. Los evidentes defectos de la construcción quedaban asumidos o sumergidos, resultando secundarios ante la potente geometría y la coloración global de los volúmenes.

El hormigón ganaría pátina y calidad con el tiempo —coma la piedra— y la vegetación y el "verdín" que proporciona la humedad ambiente ayudaría a ennoblecer al edificio con el paso del tiempo.

Julio afirmaba todas estas cosas y pasaba muchos ratos mirando estos muros de hormigón.

Las galerías

Un origen similar tuvieron las galerías acristaladas con que el edificio se cierra a las orientaciones favorables.

La galería es uno de los grandes hallazgos de estas arquitecturas. Aunque parece que su origen se encuentra en las solanas de climas más fríos como el de La Rioja o el norte de Castilla, es sin duda en Galicia donde más se extendió su uso y donde se encuentran los ejemplos más bellos.

Es sabido que la galería acristalada capta energía solar por radiación calentando su muro interno y atemperando el espacio intermedio, que se convierte de este modo, aprovechando la inercia térmica de los materiales, en un colchón protector del interior de la casa ante el frío y la humedad exteriores. La propia galería es un espacio de estancia, para la lectura, la conversación o el abrigo de las plantas.

La galería gallega se construye tradicionalmente con madera de castaño, con fuertes secciones. La superficie de galerías proyectada era grande – todas las fachadas sur de las residencias– y sería difícil conseguir, en un tiempo corto, la fabricación de estas carpinterías a buen precio.

Julio había utilizado en sus viviendas de Santiago, para simplificar su construcción, unos marcos de hormigón prefabricado sobre los que se fijan las carpinterías. Se llegó a manejar esta posibilidad pero no es lo mismo construir viviendas en las que los usuarios pueden cuidar de su conservación (limpieza, pintura) que mantener un edificio público de este tipo (los años, por desgracia, lo demostraron).

Surgió, ante ese problema, una posibilidad: Conocimos que en Alemania se fabricaba aluminio lacado que permitía todo tipo de colores. Una empresa alemana había utilizado en Canarias esta tecnología novedosa que se basaba en pintar por inmersión en baño electrolítico con pigmentos que se adhieren fuertemente al aluminio debido a su polaridad de signo contrario, secándolo después al horno. Esta tecnología de anodizado metálico se extendía de este modo al esmaltado de los perfiles. Pedimos información y presupuestos a esta casa y al tiempo tratamos de ver si algún fabricante nacional conocía el tema. La oportunidad nos llegó porque algunas empresas estaban ya sobre la pista y se mostraron interesados en que la obra fuera un ejemplo de aplicación. Este interés nos permitía obtener un precio razonable.

Pedimos muestras y las sometimos a algunos ensayos "caseros". Convencidos de la viabilidad y de que no se corrían riesgos utilizamos esta tecnología para las galerías acristaladas. No creo equivocarme al afirmar que el aluminio lacado, hoy de uso común, se utilizó por primera vez en la península y por empresa española en este edificio. Pese al deterioro por falta de mantenimiento que se produjo en el edificio al pasar los años, las carpinterías se encontraban en excelente estado veinticinco años después.

Las galerías son blancas, destacándose sobre el color del hormigón.

Julio no quedó del todo satisfecho, pues a pesar de que el aluminio ofrece unas secciones más anchas que el acero, él añoraba la potencia de las tradicionales galerías de castaño.

Interiores

Los interiores se construyeron muy sencillos: muros y divisiones enfoscadas y pintadas de cal. Techos en yeso o escayola pintados de blanco. Suelos de linóleo en residencias y de baldosas de klinker de color arcilla en el resto, un material de gran resistencia, dureza y dificultad de corte. Recuerdo haber dibujado el despiece de los pasillos que giraban en curva. Para conservar la orientación de las juntas según los ejes de movimiento se cortaban piezas en trapecio en una fila de cada tres. Quedó muy bien pero no sé si el solador llegó a perdonármelo.

También el mobiliario era sencillo en aulas, talleres, comedores, zonas de dirección y residencias. Estas se distinguieron por colores. Se utilizaron algunos diseños realizados para la U. L. de Almería. Se eligieron para la ambientación interior reproducciones de maestros de la pintura del siglo XX y serigrafías de pintores contemporáneos españoles para los despachos. Se amuebló cuidadosamente cada espacio y cada rincón. Con la ayuda entonces del arquitecto Antonio Ortiz Carbajal –quien tras mi marcha al servicio militar colaboraría con Julio en algunas ampliaciones– colocamos todo, clavando incluso los cuadros en las paredes.

....

El edificio se inauguró en la fecha prevista, en octubre de 1.975.

Fue una experiencia inolvidable para mí. Era mi primera obra y trabajaba al lado de un gran maestro. Sin duda aprendí en este edificio más que en toda la carrera.

En la medida en que puedo analizarlo como obra arquitectónica y desde la distancia que el tiempo crea sigo pensando que tiene la fuerza de una obra instintiva y que sus muros, aun maltratados, conservan una gran dignidad y, ahora, un cierto aire romántico. Era un edificio muy agradable de habitar y estoy seguro que mucha gente joven ha sido feliz allí. Confío en que esas condiciones se conserven o restablezcan.

Creo que se trata de un edificio lleno de intenciones y que, aunque posiblemente alguna resultara fallida, debe ser juzgado, en cualquier caso, dentro del contexto de unos medios y condiciones limitados.

El edificio ha carecido prácticamente de mantenimiento y ha sufrido mucho por ello en cubiertas, elementos metálicos e interiores. Tampoco se han cuidado bien los accesos ni el campus, lleno de maleza cuando lo vi por última vez, hace tres o cuatro años. Se estaban reparando alguna cubierta y colocando "remates" de petos a los muros de hormigón. Esas pocas acciones desfiguraban mucho y mostraban por parte de quien las haya hecho una falta total de entendimiento del edificio.

Espero que estas notas sean útiles para las intenciones de la publicación que la Universidad de Navarra prepara tan generosamente y que contribuyan a la recuperación de este edificio y también como homenaje a la figura de Julio Cano. A mí me han servido para refrescar recuerdos imborrables.

CRITERIOS SOBRE LA REHABILITACIÓN.
PALACIO SERRANO
Espacio cultural de Caja de Ávila

La propiedad estuvo marcada por escudos de la familia Serrano en las esquinas del recinto. Hoy son aún visibles dos de ellos y un tercero apareció –imposible de extraer– en la excavación del sótano, como cimiento de la esquina de una de las casas medianeras de la calle San Segundo.

La puerta y fachada principal se abren a uno de los espacios extramuros de más calidad de Ávila: dos tranquilas plazas, la de Italia y la de los Nalvillos, unidas por la iglesia románica de Santo Tomé el Viejo y donde se encuentra también el Palacio de los Deanes. A este espacio se abren las principales salas y espacios representativos del palacio.

Es muy interesante la disposición quebrada de esta fachada pues indica que las trazas del palacio se ajustan a un determinado dibujo urbano –plaza y embocadura de calle– que, en cualquier caso, denota una prevalencia del espacio público, con la voluntad de crear o mantener el espacio de la plaza.

Es natural que las casas palaciegas del XVI se abrieran a espacios de segunda línea respecto al límite de la ciudad amurallada pues buscaban su propia identidad al margen de la ciudad antigua. La actual calle San Segundo, antigua Albardería, que limita la muralla por levante, fue siempre un camino de ronda por donde se producían los accesos a las fincas y se situaban las cocheras palacio. La calle y la muralla no han sido objeto de la atención que hoy le dispensamos hasta finales del XIX.

Rehabilitando el palacio y completando con construcciones nuevas, Caja de Ávila propuso la construcción de un nuevo espacio de unos 4.000 m².

El conocimiento del edificio y del lugar me permitió concretar las principales líneas de actuación:

* *Recuperar la unidad del patio central, nunca concluido, como elemento ordenador y articulador del nuevo conjunto.*

Mi intención ha sido que en ese patio las construcciones originales y las nuevas no se extrañen, antes bien que pudieran fundirse en un espacio transformado, pero capaz de reconocer su origen.

* Conservar la organización de lo edificado entre los tres espacios vacíos:

Palacio Serrano. Atrio.
Fotografía: Hisao Suzuki.

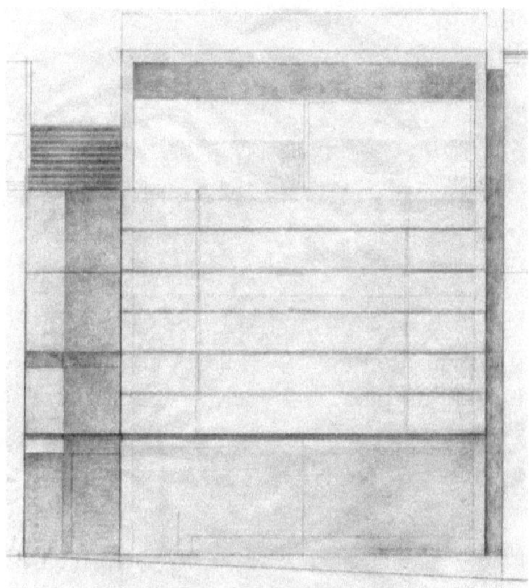

Boseto fachada Palacio Serrano a
calle San Segundo.

Además del patio central se trataba de mantener el jardín de mediodía como zona de descanso, paseo y escultura al aire libre. Rehacer el patio Norte con un carácter de descanso de las nuevas áreas, como patio de verano ligado a la cafetería.

- *Enlazar el acceso principal y original por la Plaza con un nuevo acceso por la calle San Segundo.*

El desnivel existente entre ambos accesos - media planta- sugirió la disposición de las rampas, potenciando la relación entre ambas entradas como eje principal de conexiones del palacio.

- *Rehabilitar las construcciones principales del Palacio, restaurando los elementos singulares dañados.*

Restituir el pórtico renacentista del patio central a su estado original, eliminando adherencias, desmontando y volviendo a montar, una vez restaurado y excavado el sótano, los diversos elementos con plomos y niveles correctos. La misma operación se realizaría con la escalera original.

- *Excavar un sótano bajo el patio central y el patio norte, las construcciones de San Segundo y bajo la casa adosada de Plaza de Italia n° 2.*

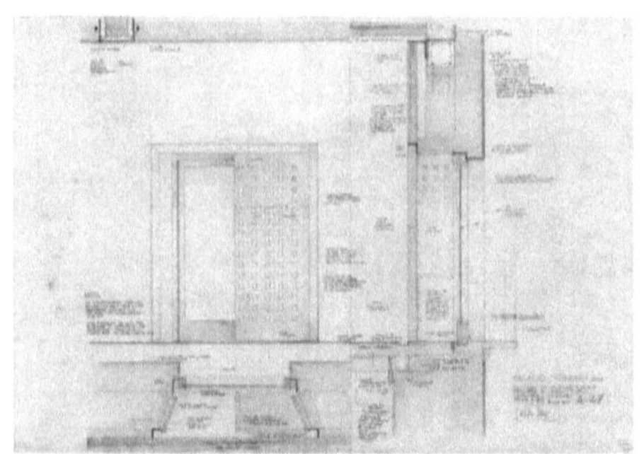

Palacio Serrano.
Boceto carpintería.

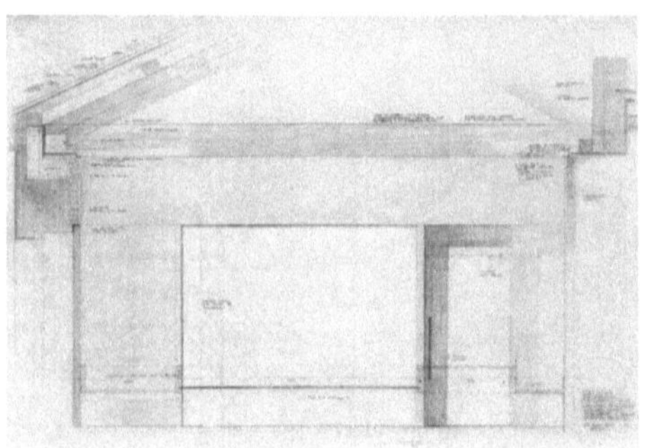

Palacio Serrano.
Boceto sección biblioteca.

Enlazar este sótano, imprescindible par obtener la superficie necesaria para el programa, con las bóvedas existentes en los sótanos del Palacio, completando y dando coherencia al recorrido expositivo.

> • *Cubrir el patio central, para su utilización continua, controlando la temperatura, filtrando y sosegando la luz con una estructura ligera y traslúcida cuyos apoyos no se percibieran desde el patio.*

Quisiera señalar algunos rasgos de este trabajo que pueden hacer más fácil descifrar las claves de lo que hoy vemos como una realidad transformada y entender el edificio desde un ángulo muy distinto y sin duda más complejo: el de la imaginación y la génesis del proyecto desde la realidad anterior.

Se trata del recorrido que realizamos siempre los arquitectos, pues todo proyecto supone visualizar lo que aún no existe y habitar espacios que solo son realidad en nuestra cabeza y nuestros dibujos.

Estos son algunos de estos rasgos distinguibles en el edificio:

Continuidad espacial. Claridad, unidad y diversidad

Los espacios se encadenan sin solución de continuidad con el sólo límite de sus necesidades de privacidad o silencio. Un espacio puede anunciar el siguiente, aún más, explicarlo. Unas veces será una continuidad física, otras veces sólo visual o ambas. En algún caso se tratará tan solo de una contigüidad que se hace explícita, como puede hacerse evidente y acusada una separación cuando ésta es necesaria.

Palacio Serrano.
Escalera emergencia.

Palacio Serrano.
Boceto de peto de granito.

Es muy distinto concebir un edificio como exclusas de usos distintos que hacerlo de esta forma. El papel de los espacios de circulación, secundarios y meramente servidores en aquel procedimiento, se transforma en éste, tomando un protagonismo indudable que tiene reflejo en su definición espacial.

La fluidez que muestran estos espacios no deben proporcionar una visión desarticulada e inconexa, antes bien es necesario mantener la percepción unitaria del conjunto y cada parte ser subordinada al concepto global proyectado.

Sin duda el espacio del atrio supone el ejercicio más difícil y que mejor ilustra esta complejidad comentada, pero también las buscadas transparencias entre los espacios vacíos, la tensión oblicua provocada por las rampas en su desarrollo y la articulación de los espacios ascendentes de biblioteca alrededor de la escalera.

Espacio y secuencia. Materia y luz

La continuidad pretendida no tiene porqué comprometer la identidad ni el carácter de cada espacio, pero seguramente son los espacios intermedios los principales responsables de este contraste y diferencia. Las transiciones

Palacio Serrano. Articulación patio-exposiciones.
Fotografía: Hisao Suzuki.

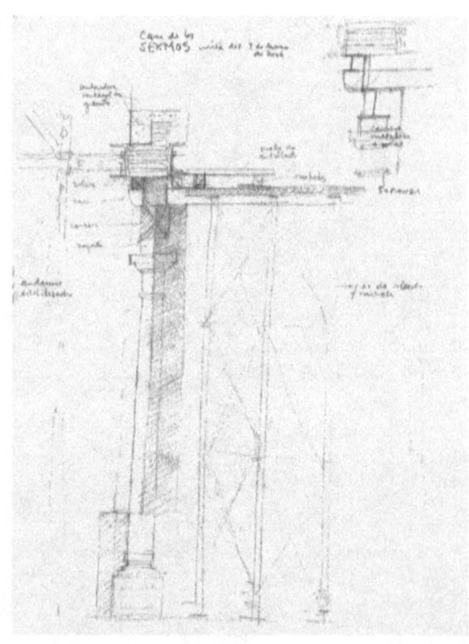

Sección pórtico Casa de los Sexmos,
Arévalo. Ávila.

establecen un antes y un después de cada ámbito y la percepción de los mismos depende en buena medida de la precisa definición de la secuencia que se desee para conseguirlo. Porque cada espacio reclama una forma de ser descubierto o desvelado y el diseño de esa "forma" puede llegar a ser tan importante como el espacio en sí.

La medida de las cosas y las proporciones relativas son desde luego uno de los principales instrumentos, pues podemos comprimir y descomprimir el espacio, ensancharlo o acentuar su direccionalidad, logrando las acentuaciones buscadas.

La materia distinta es otro de los instrumentos con que contamos al servicio de esta secuencialidad. El material, su textura, despieces, color, etc., nos permite hacer denso o ligero un espacio, sugerir continuidades o cambios capaces de clarificar las intenciones.

Pero la materia decisiva es la luz que no sólo pone en relieve las cualidades de la materia sino que es materia en sí. Materia arquitectónica que modela los espacios y las formas, resaltando o fundiendo planos, creando profundidades o lejanías, llamadas o frenos al movimiento, estableciendo

filtros o transparencias. Luces sólidas o inmateriales aprendidas de la
naturaleza, de los pintores, de los fotógrafos.

Analogías y referencias

Los arquitectos no estamos afortunadamente solos al imaginar cualquier
solución. Nos ayuda todo lo que otros hicieron antes, las experiencias y
las enseñanzas de la Historia. Tenemos delante un paisaje humano que es
nuestra principal referencia y objetivo. También un paisaje físico, un lugar,
natural o urbano, escenario de esos acontecimientos. Cuando interveni-
mos en un edificio nos encontramos además con un discurso previo,
armado por otros en otras circunstancias de todo tipo. Pero es necesario
escuchar sus palabras pues tal vez encontremos claves, referentes, que
puedan ser reinterpretados.

Era necesario utilizar algunos recursos analógicos, algunas referencias,
en muchos casos intuitivas, para recrear, por ejemplo la unidad del patio:
Así, la modulación y tamaño de los huecos del nuevo muro de hormigón
es reflejo de la existente en el pórtico al que se enfrenta. La forma de
construir el hormigón, tan artesanal, es una respuesta coherente con el
trabajo de los canteros en el granito. La celosía de madera de esos huecos
o del cerramiento de la pieza inclinada que cierra el patio, supone una
forma de mirar discreta a lo antiguo desde lo nuevo y la madera misma, si
bien producto de una técnica distinta, laminada, tiene como referencia a
los sencillos artesonados de los techos del Palacio.

Criterios en la rehabilitación

La ciudad de Ávila es Patrimonio de la Humanidad.

Durante mucho tiempo la mayor parte de su patrimonio histórico-arqui-
tectónico ha estado abandonado y la ciudad misma ha sufrido un aislamiento y retraso cultural.

La iniciativa de Caja de Ávila de rehabilitar este Palacio supuso revertir el
ahorro de los abulenses en la recuperación de uno de sus edificios más
nobles y convertirlo en un espacio cultural y social a su servicio, auténtica
referencia para la ciudad. Baste decir que a la primera de sus exposiciones, de artistas contemporáneos españoles, asistieron más de 30.000 visitantes en su primer mes.

Su importancia para la ciudad fue señalada por su solemne inauguración por el Rey D. Juan Carlos el 30 de octubre de 2003.

Es mi deseo señalar algunas de las coordenadas que me han guiado en este trabajo y que suponen mi aportación personal a estos proyectos:

Acometer un proyecto de rehabilitación convoca a una postura claramente definida sobre el significado y consecuencias de la transformación de los edificios y las ciudades.

La acción rehabilitadora exige por tanto un sustento teórico pues supone siempre, en mayor o menor medida, una transformación del edificio por la presencia de una arquitectura que se realiza en una época bien diferente, con distintas posibilidades tecnológicas pero también frecuentemente con la pérdida de ciertas cualidades artesanales de los oficios que intervienen.

Después de la rehabilitación, el edificio debe "reconocerse a sí mismo". Todo lo verdaderamente valioso debe ser restaurado, pero cabe reinterpretar los espacios y potenciar las posibilidades que el propio edificio ofrece. Cuando se incorporan nuevas construcciones, éstas deben ser fieles a su tiempo.

Frente a esa actitud, en el extremo contrario, encontramos las intervenciones miméticas que suelen ser producto del miedo por incorporar nuevas imágenes, nuevos criterios estéticos a la ciudad tradicional consolidada, sin aceptar que esa ciudad, tal como la conocemos es, a su vez, el resultado de numerosas acciones que corresponden a distintos momentos de la evolución, nuevas técnicas, lenguajes y estilos, que la costumbre y el tiempo han hecho asumir.

A mi juicio para que se cumpla el objetivo de la permanencia del carácter y los valores del edificio revitalizado deben conseguirse simultáneamente dos logros que considero irrenunciables:

En primer lugar un entendimiento del edificio, es decir una correcta interpretación de su génesis, de como ha respondido el edificio a la forma de ser usado y a la evolución de estos usos, de la jerarquía de los espacios que han dado respuesta a dichos usos y la singularidad y valor de sus espacios más relevantes.

Igualmente podríamos decir del edificio en cuanto a sus valores y significación como pieza urbana, en su influencia mutua con el contexto con que se relaciona. El entendimiento de esta estructura espacial y urbana me parece imprescindible para acometer un proyecto contemporáneo de esta naturaleza de una forma culta y respetuosa.

Palacio Serrano. Fachada.
Fotografía: Hisao Suzuki.

El segundo requisito exige que, a partir de ese entendimiento, las nuevas acciones arquitectónicas que se realicen para dar respuesta y albergar los nuevos usos no renuncien a expresar y ser testimonio de la época en que son realizadas y eso, no solo por el derecho que toda época tiene de dejar huella, sino por respeto y distinción de lo antiguo, tantas veces desfigurado e irreconocible por falsas continuidades sin sentido.

El resultado debe ser el encuentro armonioso de dos realidades distintas, las dos verdaderas. De esta forma el edificio histórico puede ser puesto en valor –potenciados sus valores– por la presencia de una arquitectura nueva que haya sabido captarlos y lo nuevo, lo de hoy, enriquecido por la nobleza y calidad del edificio original.

Cuando esto ocurre puede conseguirse una nueva naturalidad que asume la transformación producida.

Lo mismo podemos decir de la ciudad. En ella conviven necesariamente arquitecturas de épocas distintas. La evolución del conocimiento y las técnicas da lugar a la aparición de nuevos lenguajes y también una sensibilidad distinta hacia nuevas formas y materiales.

La ciudad histórica lo es precisamente por esa convivencia de las formas y sensibilidades de épocas distintas y a mi juicio, carece de sustento el recelo sobre que nuestra época deje su huella en las ciudades que admiramos. La pintura no se ha congelado en Fra Angélico, Velázquez o Monet, ni siquiera en Picasso. Ni la escultura o la Música en la perfección de Miguel Ángel o Mozart. Ninguno pretendió expresarse como sus predecesores aunque les admiraran. Sin embargo respecto de la Arquitectura se teme el error, más aún, la permanencia del error, por el carácter duradero de las construcciones.

Entendimiento del lugar, veracidad y expresión de nuestra realidad técnica y cultural han sido también los retos de este proyecto.

TEXTO DE LA INTERVENCIÓN
EN LA INAUGURACIÓN DE LA REHABILITACIÓN
DE LA ANTIGUA IGLESIA DE SAN MARTIN OBISPO (S. XII)
EN ARÉVALO COMO ESPACIO CULTURAL
Caja de Ávila, 28-10-2005

Aunque los trabajos de estudio e investigación se inician algunos años atrás, entre 1994 y 1995, se realiza una primera fase de restauración de esta antigua iglesia románico-mudejar de San Martín obispo por encargo de la Junta de Castilla y León, con Proyecto y Dirección del arquitecto Juan Laguna Caro y la intervención de Jesús García Maldonado como aparejador de las obras y del arqueólogo Domiciano Vega Melero.

En esa fase, además de la investigación arqueológica, extensa, se restauraron paramentos exteriores, la estructura de bóvedas y las cubiertas en la nave, capillas y el pórtico románico que se abre a mediodía.

En estos dos últimos años, 2004 y 2005, se realiza la segunda fase de restauración y la adaptación de la antigua Iglesia como Espacio Cultural. Esta etapa, en la que me incorporo y sumo al equipo anterior en el Proyecto y Dirección de las obras, se inicia por encargo de la Consejería de Cultura de la Junta. El Proyecto definitivo y su construcción son a cargo de la Fundación del Patrimonio Histórico de Castilla y León, contando, con la colaboración de la Parroquia de Santo Domingo de Silos en Arévalo y de Caja de Ávila. Esta última Institución, a través de su Obra Social y Cultural gestionará y sostendrá las actividades de este nuevo Espacio Cultural de San Martín.

En la realización que hoy inauguramos han colaborado con nosotros excelentes profesionales: La investigación histórica y trabajos de arqueología han estado a cargo de Inmaculada Guadalupe; Los estudios previos de lectura de paramentos por la empresa ARQA. La investigación y restauración de los estratos históricos, pinturas e inscripciones han sido llevadas a cabo por la empresa AGORA que dirigen Juan Aguilar y Bárbara Hasbact. La restauración del retablo ha sido realizada por Raquel Mozo, colaborando con nosotros también Rafael Úrculo en el estudio de las Instalaciones generales mientras que la construcción se ha llevado a cabo por la empresa TRYCSA. En nombre de la Dirección de las obras agradezco a sus técnicos y operarios así como a todos los especialistas que he nombrado y a todas las empresas que han intervenido en cada especialidad y oficio, su interés y dedicación a esta obra.

El contenido ha incluido acciones muy diversas: trabajos de limpieza, consolidación y nuevo enlosado en el pórtico románico situado a solano.

Se han restaurado carpinterías antiguas incorporando carpinterías y cerrajerías nuevas donde resultaba necesario.

La Tribuna que se encuentra a los pies de la nave se ha reconstruido utilizando madera laminada, recuperando los balaustres originales del pretil y ejecutando una nueva escalera igualmente de madera.

Se han consolidado y restaurado los estratos históricos existentes: pinturas, paramentos interiores y bóvedas, trabajos realizados con veracidad e intención didáctica para mostrar las acciones sobre San Martín a lo largo de los ocho siglos de su existencia y permitir una lectura y comprensión histórica del monumento.

Se han proporcionado nuevos accesos y mejora de los existentes en las dos torres, lo que permitirá su uso por estudiosos, además de su conservación y mantenimiento. La de caracol en la de Ajedreces se sitúa en idéntica posición a la que se derribó en 1560, para usar entonces la base de la torre como sacristía.

Se ha procedido a la consolidación de las fábricas en nave, capillas y especialmente en la torre de los Ajedreces, en la que se elimina, además, el tejadillo a cuatro aguas construido en 1956. Se recompone de este modo la analogía entre ambas imponentes torres, resultando una imagen y carácter más acordes a la que reflejan los documentos más antiguos que hemos manejado. Por cierto, la lectura de los libros de fábrica ha revelado la existencia de un presupuesto para derribar esta torre de los ajedreces hacia finales del siglo XVIII. No hubo dinero, alguna benefactora –en este caso– crisis económica nos salvó la torre, lo que demuestra por un lado que el dinero no siempre hace la felicidad y, sobre todo, cuán atrevida y peligrosa es la ignorancia.

Un nuevo Pórtico norte ha sido construido, eliminando dos construcciones de muy mala factura: El antiguo acceso exterior del campanero –que tapaba parte del arranque de la llamada Torre Nueva o Torre Llana a los pies de la nave– y la construcción de ladrillo en mal estado que tapaba igualmente parte de la arquería de la Torre de los Ajedreces y ocultaba los restos de una bella e interesante, por lo rara en esta zona, portada románica, claro testimonio de los orígenes y antigüedad de la primitiva fábrica. Hoy podemos ver de nuevo libres los fustes de las torres y podemos admirar los restos de la primitiva portada después de permanecer oculta cuatro siglos.

Este nuevo Pórtico a la plaza –que seguramente existió de otra forma en épocas antiguas– nos parece imprescindible, no solo para valorar y proteger la portada antigua puesta al descubierto, sino para restituir la escala de esta entrada en relación con el propio monumento y con la plaza de la Villa, incorporándolo definitivamente como entrada principal, lo que ayudará a potenciar este espléndido espacio urbano.

 Se ha proyectado una iluminación exterior, que pone de relieve los pórticos, torres y fábricas de San Martín y por último la instalación interior, todo lo necesario para el funcionamiento del nuevo uso cultural. Las instalaciones audiovisuales, la iluminación, el suelo elevado donde se encuentran Uds., sobrepuesto al enlosado original sin dañarlo.

Elementos nuevos que se separan de los muros y bóvedas antiguas, por respeto y poco disimulo de su artificio y que expresan en un cierto sentido poético, su impostura y la posibilidad, que es real por otro lado, de ser algún día desmontados.

Les he enumerado, con la mayor brevedad posible, lo fundamental de lo que uds. pueden ver y apreciar. Ha sido intención y factor común determinante en nuestro trabajo una atención escrupulosa para la conservación de los valores del edificio.

Las construcciones o adiciones nuevas, nacidas por exigencias del nuevo uso cultural, tienen una factura contemporánea sin complejo de mostrar el momento en que son realizadas. Moderno, modo "hodierno" (Quetglas), significa el "modo de hoy". Hemos querido ser tradicionales en esto porque les aseguro que no hay nada más tradicional en la historia del arte y de la cultura en general, que el deseo, en cada momento, de ser modernos.

En la cultura que heredamos y en el Patrimonio construido habita el alma de otras épocas.

Conservar el Patrimonio arquitectónico es, por tanto, hacer permanente el testimonio del pasado pero también rendir un homenaje a todos los que

Portada de la Iglesia de San Martín.
Arévalo.

hicieron el esfuerzo de innovar, de hacer evolucionar el arte con sus propuestas y con sus maravillosas realidades. Lo mismo podríamos decir de la Música, la Literatura, las Artes plásticas y de tantos otros logros humanos.

Pero si movemos la cabeza y miramos hacia adelante, encontraremos tal vez el principal motivo por el que queremos proteger este legado. Necesitamos conservarlo para aprender.

Las lecciones del pasado no pertenecen al pasado. Son permanentes: Sumergidos en la penumbra luminosa de nuestras iglesias; respirando la Alhambra desde San Nicolás; en las plazas de Siena o San Marcos; ante los bosques pétreos –distintos– de Karnak o de Paestum o de Bernini; en la frescura de las estancias transparentes de Pompeya; frente a la Villa Rotonda o la Villa Saboya, o, simplemente, escuchando el silencio, silencio de pájaros, del espacio mágico de San Juan de Duero. La emoción que sintieron otros, tantas veces, en tantos momentos y lugares, es también nuestra.

Encontramos en esas lecciones del pasado nuestra fuerza, pero, como le escuché tantas veces a Javier Carvajal, maestro de arquitectos, nuestro compromiso es el futuro.

Sin nuestro pasado somos huérfanos y sin nuestro futuro, egoístas.

Interior Iglesia de San Martín como
espacio cultural

Toda acción restauradora nos parece, por tanto, inseparable de esa reflexión sobre el origen y el significado de las cosas, de esa intención didáctica que propicia el entendimiento y nos hace avanzar.

Para todo esto hace falta esfuerzo, entendimiento y recursos. Quiero aprovechar esta ocasión para agradecer, como profesionales y como ciudadanos, el entendimiento, los recursos, y también el esfuerzo que las Cajas de Ahorros y en este caso, Caja de Ávila, realizan, junto a otras Instituciones, para proteger y recuperar para todos esta valiosa y fecunda herencia.

Así ha ocurrido con esta antigua Iglesia de San Martín, hoy convertida en espacio cultural. Espacio que alberga esta importante exposición de escultura contemporánea que nos recuerda el feliz aserto de Ruber de Ventós: *El Arte, como el hombre, se debate entre dos polos distintos: la belleza de la serenidad absoluta y la fascinación del abismo.* Algo de esto pueden ver en la exposición y seguramente escuchar también después en el concierto.

En nombre de los que hemos participado en este trabajo, gracias a todos por las facilidades que obtuvimos y por la confianza que depositaron en nosotros. Espero que lo conserven y disfruten.

TERRITORIO Y PAISAJE
Notas para un debate en la Universidad Camilo José Cela, 2007

La HECTAREA un parámetro muy utilizado para densidades de ocupación, de población, etc.

Podemos analizar la HECTAREA, que más o menos es la unidad de referencia –las manzanas– de nuestros Ensanches (Castro, Cerda, etc.):

Sobre 10.000 m^2, con una ocupación de un 40% de la superficie neta (el 40% del interior de la manzana) podemos construir 4.000 m^2 y por tanto 16.000 m^2 en cuatro plantas. Esto equivale aproximadamente a 150 viviendas familiares. Si son m^2 de oficinas supondría aprox. 1500 puestos de trabajo.

Las 150 viviendas se pueden hacer en 4-5 plantas con una adecuada escala doméstica, una buena relación vacío-lleno con espacios ajardinados, de juegos, etc.

Los 1500 puestos de trabajo también pueden resolverse en 4-5 plantas, pero existe la alternativa de concentrar (en la vivienda seria a mi juicio absurdo) en una torre que con 800 m^2 de planta tendría 20 plantas y con 600m^2, 26 plantas. Con una edificabilidad de 1,6 m^2 sobre m^2, esas serian las cifras.

La diferencia es que la torre dejaría un 90% de la superficie sin ocupar y la edificación baja, un 60%. Pero otra diferencia importante es que las oficinas contienen 1600 personas y las viviendas 500. Aquella es más del triple que ésta.

El edificio de oficinas por esto generara flujos puntuales muy altos y la ciudad tendrá que estar bien preparada para ello. Las viviendas no crean estas intensidades por menor número y por menor intensidad puntual.

El edificio en altura supone una construcción mucho más cara (estructura, cerramientos, puesta en obra,) requiere instalaciones especiales de implantación: circulaciones (un edificio de oficinas duplica las necesidades de ascensores por horas punta), incendios, elevación de instalaciones. Consume además mucha más energía en su funcionamiento y mantenimiento, etc.

Creo que el tejido residencial debe tener una densidad alta (no menos de 500 hab. 150 viv./hectárea) y resolverse con escalas domesticas 4-5 plantas.

Vivienda concurso IVIMA.

(Densidades de 150 hab./ha y alturas mayores producen ejemplos como Sanchinarro).

El tejido terciario necesita condiciones especiales de implantación en la ciudad (accesos, entronque rápido con redes especializadas de tráfico, etc.).

Estos tejidos sin embargo deben enlazarse y esa es la dificultad del diseño de la ciudad.

Más agresivo y lesivo para el paisaje me parecen las "urbanizaciones" que consumen el campo y el paisaje natural. Muy pocos consumen visualmente mucho paisaje, con densidades muy bajas de ocupación de personas y muy altas de ocupación visual. Las agrupaciones –adosados, pareados, etc.– son además una provocación para la mala arquitectura.

El urbanismo debe estar pensado para que la mala arquitectura tenga menos peso en la ciudad y la arquitectura digna cree tejido residencial.

TEXTOS DE CONTENIDO SOCIAL

BERLIN, BERLIN...

Hace unos días, cuando me disponía a escribir este breve artículo, me llamó la atención la noticia de que un barrio de Berlín había sido desalojado –cinco mil personas– ante el peligro de explosión de una bomba de 500 kg de la segunda guerra mundial. Había sido descubierta en una excavación. El artefacto fue felizmente desactivado.

Berlín es una ciudad viva como pocas. Es como uno de esos volcanes aún humeantes. Su historia cercana aún late y amenaza bajo sus cimientos. Tragedias y alegrías recientes –aún no hace 20 años del derribo del muro– dejan su huella en sus calles y también en las caras de sus gentes. Sobre todo para los más jóvenes, los únicos que no han vivido directamente esta historia, parece escenificarse la pugna entre pasar página y crear su propio Berlín y no olvidarse nunca de lo pasado, para no repetir la historia que sus mayores tantas veces les han contado... y ocultado.

Consecuencia directa de la resolución de la segunda guerra, la división de Berlín ha prolongado en esta ciudad, como en ningún otro lugar, la presencia de su recuerdo, la percepción de su cercanía. Hasta podría decirse que, para un visitante, dos realidades de frentes aparentemente opuestos –el nazismo y los horrores de la ciudad dividida– se entremezclan y superponen, haciendo tal vez evidente su raíz común.

Cualquier persona sensible nota estas cosas cuando pasea sus calles. Lo acentúa un cierto silencio, el de una ciudad seria, que, fuera de cualquier bullicio interior, demasiado cercanos sus llantos, le pareciera poco respetuoso reír en público.

....

El Berlín prusiano, del Imperio y las pasadas grandezas. El Berlín de Langhans y de Schinkel.

El de la ruptura y la irrupción de un nuevo orden. De Behrens, Mendhelson, Taut, Haring, Scharoun, Wisniewski, Gropius, Mies...

El Berlín de la democracia y la reconstrucción. El del regreso de Scharoun, de Mies y de Gropius.

El Berlín contemporáneo, observatorio de estrellas... en algún caso con días poco despejados...

El nuevo Berlín oficial, tal vez, salvo el Reichtag, una oportunidad perdida.

Berlín de muchos *"Berlines"*. Una ciudad que bombardea a preguntas. ¿Cabe alguna forma de estar más vivo?

Entre las cuestiones más jugosas que esta ciudad ofrece a sus visitantes arquitectos esta sin duda la dialéctica entre monumento y ciudad, entre icono y espacio público o simplemente entre objeto y espacio de arquitectura.

Mientras Schinkel instrumentaliza el lenguaje clásico de los templos como representación y dignidad del imperio pero su concepto del espacio es romano –edificios utilitarios con fachadas principales que presiden y ordenan espacios urbanos públicos–, su admirador Mies se pasa la vida haciendo templos en la más exquisita traducción del espacio griego al lenguaje técnico. La Nueva Galería Nacional de Berlín reúne todas las características conceptuales del templo griego. Arquitectura de bulto sobre un podio –estilóbato, idéntica en todos sus frentes, para ser recorrido y observado procesionalmente alrededor; que protege su interior en sombras, que mira a la ciudad como un templo se inscribe en su bosque y que guarda íntimamente –en su cella, en este caso bajo tierra– el tesoro del arte, en lugar de su diosa protectora Atenea.

Junto a este bellísimo icono de quietud, a una cierta distancia reverencial, sus opuestos: En el conjunto de la Philarmonie y en la Biblioteca, Scharoun plantea sus edificios como articulaciones dinámicas de una ciudad que quiere asumir su diversidad. Los "objetos arquitectónicos utilitarios" tienen sentido urbano no como monumentos, sino en la medida que se reclamen formando entidades mayores. La mayor en último extremo será la ciudad misma. Incluso el cromatismo podemos entenderlo como una cualidad de esa misma diversidad.

El peligro, y algo de eso hay en el área del Kulturforum, es una cierta pérdida de la escala y de la intensidad de actividad urbana, si bien es cierto que algunos de los edificios planteados por Scharoun, no fueron construidos.

En aquel *espacio reverencial* al que antes aludía propusimos proyectar el Museo del Movimiento Moderno a nuestros alumnos. Tan *duro* como interesante.

Por el contrario el espacio altamente controlado y cualificado aparece en los interiores de Scharoun. Considero algunos de estos espacios interiores autenticas obras maestras del espacio. Tras la aparente espontaneidad – que difícil es eso– hay un riguroso y medido control de la proporción, los materiales y la luz. Esta tan bien que es como esas músicas que fluyen naturales y te transmiten sensaciones sin que se note ni el compás ni el esfuerzo del compositor. O sea, las buenas.

Muchas de las arquitecturas de éxito actual –iconos escultórico-novedosos– no solo carecen de la frescura de estas obras de Scharoun (de los años 50-60) sino que se encuentran a años luz de sus cualidades espaciales. Sus perdidos, con frecuencia poco útiles –y muchas veces forzados– ámbitos interiores, solo son posibles porque algún tonto iletrado los paga (y, en el caso de la obra pública, por el escaso control de la administración de unos bienes siempre escasos).

Por terminar con algo dulce en relación con la Música y Scharoun, siempre recordaré el momento mágico del concierto de Beethoven en la Filarmónica y cómo nadie, alumnos del curso a los que siempre "empujo" a escuchar música, al terminar, parecía querer moverse del asiento dentro de la sala ni abandonar después el maravilloso vestíbulo. Todos los esfuerzos por organizar el viaje estaban justificados.

LA CIUDAD DEL HOMBRE
Conferencia-Mesa redonda en Toledo, 26 de noviembre de 2000

Introducción: un breve recuerdo de lo que la ciudad es esencialmente

Paradójicamente, de las cosas que usamos a diario, de lo que nos rodea y forma parte de nuestro entorno habitual tenemos, con frecuencia, un conocimiento superficial. También de las personas. Percepciones parciales ó incompletas de una realidad rápida y cambiante, encarnada a menudo en sólidos tópicos y una curiosidad no siempre fomentada nos dejan huérfanos de las necesarias respuestas... a preguntas que no llegan a formularse. Esta sensación de evidencia de lo que sucede y pasa ante nuestros ojos, que percibimos como algo obvio, escamotea nuestra reflexión y se convierte de este modo en el mayor obstáculo para el conocimiento.

La ciudad que habitamos es seguramente un claro ejemplo de lo que acabo de decir y nosotros, ciudadanos, tantas veces sus desagradecidos protagonistas.

Porque, ¿qué es esencialmente la ciudad y qué debemos a esta formidable institución del hombre?

Seguramente encontramos su célula primaria en la superación del hombre-individuo por el hombre-persona (per-sonar, el que resuena en los demás). Esta necesidad del otro, de compartir y encontrar en otros los ecos y tal vez las respuestas a nuestras propias preguntas prefigura la ciudad antes que nada como un lugar de encuentro y convivencia.

El filósofo Emilio Lledó en su libro *La máquina de la ciudad, entre la naturaleza y la técnica*, cita a Aristóteles, que en su *Libro primero de la Política* explica como la ciudad y la comunidad son "el bien al que tienden los hombres".

Dice Aristóteles:

> *"La comunidad perfecta de varias aldeas es la ciudad, que tiene, por así decirlo, el extremo de toda suficiencia y que surgió por causa de las necesidades de la vida, pero que existe ahora para vivir bien."*

> *"Los animales tienen voz, signo del dolor y del placer, pero la palabra es para manifestar lo conveniente y lo dañoso, lo justo y lo injusto y es exclusiva del hombre frente a los demás animales, al tener él solo el*

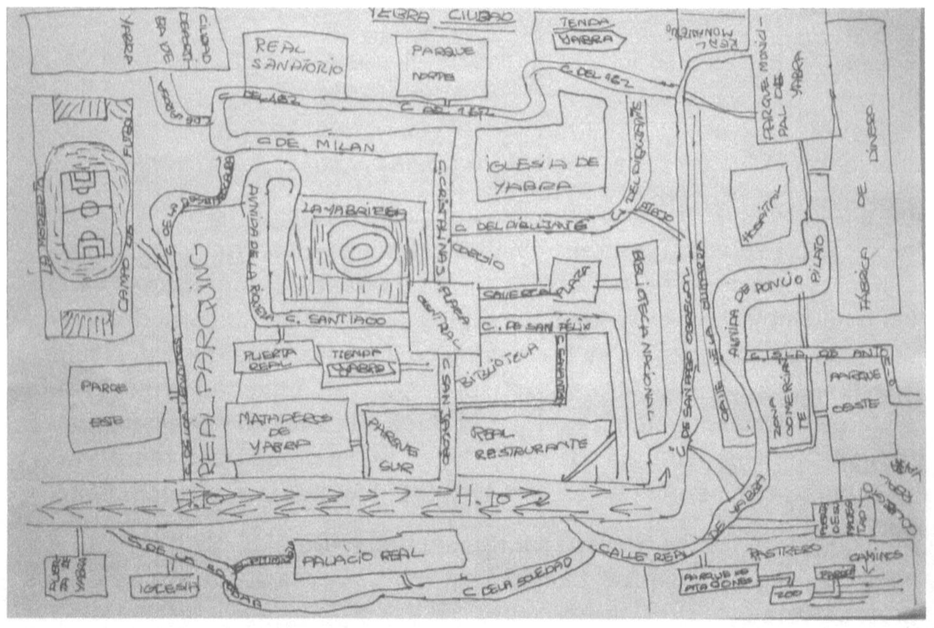

Yebra: dibujo de una ciudad inventada por mi hijo Jaime cuando contaba 9 años.

sentido del bien y del mal, de lo justo y de lo injusto. La comunidad de estas cosas es lo que constituye la casa y la ciudad."

Y añade Lledó: "La naturalidad del hombre que necesita de otros hombres se extiende hacia unas nuevas formas de artificialidad".

Pero esto no basta, probablemente, para entender el origen de la ciudad:

Joseph Rikvert, arquitecto de origen polaco afincado en Londres, crítico e historiador de la Arquitectura, escribe en su obra *La idea de la Ciudad.*

"El origen, la idea de la ciudad, radica en sus intenciones, sus deseos, sus pensamientos, en las 'inspiraciones originales' y en los 'ritos funda- cionales' que estimularon la voluntad de construir, en los que habrá que- dado depositada la ansiedad de los que levantaban sus muros, los ocul- tos deseos de sus constructores."

Y Aldo Rossi, en su conocida obra *Arquitectura de la Ciudad*, identifica ambas, arquitectura y ciudad, desde su origen:

Plaza Mayor de Cáceres.

*"Los primeros hombres se construyeron moradas. Iniciaron la Arqui-
tectura al mismo tiempo que el primer trazo de la Ciudad; la Arquitectura es, así, connatural a la formación de la civilización y un hecho permanente, universal y necesario".*

*"Con el tiempo, la ciudad crece sobre sí misma, adquiere conciencia y
memoria de si misma. En su construcción permanecen las intenciones
originales pero con el tiempo la ciudad concreta y modifica los motivos
de su mismo desarrollo." "La Arquitectura y la ciudad, en fin, son la esce-
na fija de las vicisitudes del hombre, con toda la carga de los sentimientos de las generaciones, de los acontecimientos públicos, de las tragedias privadas, de los hechos nuevos y antiguos. El elemento colectivo y el
privado, sociedad e individuo se contrastan y se confunden en la ciudad."*

*"Creación de un ambiente más propicio a la vida e intencionalidad
estética son, para Rossi, los caracteres permanentes de la Arquitectura;*

estos aspectos emergen en cada búsqueda positiva e iluminan la ciudad con creación humana."

Conviene recordar estos principios al analizar la ciudad de hoy, la ciudad contemporánea que habitamos:

Vivimos ciudades complejas porque se superponen- y a veces por tanto se confunden- las huellas que el tiempo nos ha dejado en su espacio, *pero los surcos de esa cultura son profundos e imborrables y estan ahí para ser reconocidos.*

Esta es la ciudad heredada, presta a recibir nuevos surcos.

La ciudad de hoy sin embargo nos preocupa:

El gran arquitecto y profesor Saenz de Oiza, fallecido hace pocas semanas, en una de sus ultimas intervenciones públicas decía: "Estoy más preocupado por el porvenir de la Ciudad que por el de la Naturaleza" y J. I. Mera, arquitecto compañero de la Escuela, en una reciente charla, decía más en serio que en broma que "estaba pensando denunciar a Greenpeace algunas agresiones a la ciudad" tan amenazada o más que la propia Naturaleza.

Hay quien expone, con temor, que la ciudad, enferma, no podrá asumir las nuevas realidades y que se hundirá bajo el peso de nuestra civilización trepidante, incapaz de seguir e incorporar sin estallido los logros y hallazgos de la nueva tecnología.

Al mismo tiempo se nos presenta un campo idealizado. El éxito del ecologismo parece sustentarse, no sólo en la imprescindible conservación del medio –lo que resulta incontestable– sino en el desprestigio y la culpabilidad que parece asignarse a la ciudad-institución como desencadenante de este proceso.

No comparto aquel temor y sin dejar de realizar un diagnostico realista sobre algunos síntomas que aparecen y preocupan me propongo esbozarles una más positiva visión de futuro.

En un texto ya citado Emilio Lledó señala:

"Mientras en la cultura mítica el hombre pertenece a la naturaleza en la cultura técnica o sea en aquellas sociedades cuya organización se sustenta en una satisfacción de las necesidades, desde la base de un conocimiento científico y técnico, es la naturaleza la que pertenece al hombre."

Históricamente las "buenas acciones" como fin han supuesto siempre un proyecto de superar a la naturaleza.

En este contexto evolutivo pueden producirse sin duda desviaciones: La ciudad puede ser espectadora y receptora de una sociedad individualista y mercantilista que tiene la "eficacia" como meta –es decir el máximo beneficio al mínimo coste–, pero es también la víctima de todo esto y de ninguna forma responsable de ello.

El arquitecto Ignacio Vicens, en un texto introductorio al programa de este curso en la Escuela de Arquitectura de Madrid dice:

"El individualismo economicista ha arrasado los genuinos valores humanos no menos que el marco físico donde se desarrollan. Es el hombre entero el reducido a cosa por la idea de lucro como razón única y la ciudad tan víctima como él."

Pero recuerda:

"La ciudad es el territorio de la vanguardia, el ámbito privilegiado de la creatividad, porque lo especifico de la ciudad es precisamente la capacidad de excitar la emulación, la superación autocrítica, la tensión creadora."

Y cita a Chesterton cuando dice:

"Shakespeare no escribió más que folletos rimados hasta que llegó a Londres, y no volvió a escribir una línea desde que salió de allí."

Es cierto que algunos síntomas alarman y que la ciudad no goza en este momento precisamente de una salud de hierro. Pero tenemos que entender que estamos en un momento de transición y cambio difícil. En el siglo que termina se han producido más y más importantes avances científicos que en toda la historia anterior. La aplicación de la ciencia esta produciendo técnicas que evolucionan con tal rapidez que aún viven personas en nuestro entorno cultural que han viajado en diligencia en su niñez y hoy, si el ánimo y la cabeza les responde, pueden usar un ultrarrápido ordenador de última generación. Por medio, todo el desarrollo de la automoción y los transportes, el cine, la aviación comercial, los ingenios industriales, los avances médicos y farmacéuticos, la bioquímica y la genética, la carrera espacial (y por desgracia la de armamentos), la televisión y el vértigo de la informática y las comunicaciones.

Se esta produciendo un extraño fenómeno cultural y social que me atrevería a calificarlo de "complejo ante la máquina". Y que parece consecuencia de considerar la técnica como un nuevo "becerro de oro". La técnica goza del prestigio de aquello que se desconoce y no se domina, y sus expertos parecen llamados a ser los hechiceros de la nueva tribu urbana, cancilleres de los secretos del oráculo.

Pero la técnica, no nos cansaremos de repetirlo, porque no debemos olvidarlo, es sólo un utensilio, un medio, no un fin en si mismo. Un instrumento extraordinario que debemos entender al servicio del hombre y sus instituciones, útil para solucionar los problemas más complejos, las carencias más profundas, de mejorar su calidad de vida en todo lugar y situación, al servicio en definitiva de su felicidad pero también de su dignidad y de sus más elevados valores. Hoy, quizás más que nunca, tras cada avance técnico y científico, *se nos plantea un nuevo reto ético*.

Es evidente la influencia que estos avances han tenido, a lo largo de la Historia, en la construcción y el desarrollo de las ciudades y en la vida de sus habitantes. Pero el tiempo de la evolución técnica no es igual al tiempo de las transformaciones de la ciudad ni tampoco al de asimilación de los cambios por sus ciudadanos. Si en el pasado esos tiempos pudieron acompasarse, y favorecer en nuestras ciudades, en sus edificios, esa naturalidad sabia de la experiencia repetida y perfeccionada que tantas veces reconocemos y admiramos, en la actualidad el tiempo técnico parece alcanzar una ventaja creciente e inalcanzable.

Pensemos en una tranquila calle del madrileño barrio de Salamanca a finales del siglo XIX. En la misma casa viven varios "señores principales", un médico famoso, varios profesionales y artesanos, trabajadores de la fábrica instalada en el patio –los jardines pensados por Castro escenarios de la pírrica revolución industrial madrileña– y los sirvientes de algunos de los señores. En la calle, transeúntes y algunos coches de caballos se mezclan animadamente. Desde el piso principal, que así se llama con razón, equivalente a un primero alto de hoy, gente asomada observa la calle e intercambia incluso algunas palabras con los viandantes. Viven en el mejor piso pues es exterior y solo hay que subir una planta. Hacia arriba y hacia el patio interior las casas son más pequeñas y de acceso más incómodo.

Comienzan a aparecer los coches y aumentan el ruido y el humo. En Barcelona un tranvía, un artefacto agresivo destinado a transportar a las masas de un lado a otro de la ciudad, atropella y mata a Gaudí. Las vías del tranvía parecen un anuncio de lo que va a pasar. Los coches aumentan y los transeúntes, rebautizados de peatones, se arraciman sobre las menguantes aceras. Los del principal cierran sus ventanas y envidian a los que viven más arriba y más adentro. Solo falta, piensan, que inventen el ascensor.

Las transformaciones físicas de la ciudad, se producen en un tiempo mucho más lento que la evolución en los transportes y las comunicaciones. Quisiéramos estar en más lugares más deprisa, hacer más cosas en el mismo tiempo. Ese tiempo saturado, acelerado artificialmente, se enreda en una ciudad que consideramos inadaptada y que maltratamos, convirtiendo sus calles y plazas en vías de coches, reduciendo sus aceras, eliminando los bulevares y los árboles y relegando el espacio público a algo testimonial. La ciudad tránsito, un lugar para atravesar en vez de un lugar para encontrarse. Ese tiempo enrarecido y denso es el responsable de nuestro estrés y de sus innegables secuelas físicas y psíquicas.

Estamos utilizando mal la tecnología y de forma inmadura. . Empleamos los maravillosos medios técnicos para acelerarnos, para exigirnos realizar nuestros trabajos en un tiempo menor. La sociedad de la eficacia *nos empuja a multiplicarnos en nuestro tiempo* y "haciendo más" ser más competitivos. La profética promesa del tiempo liberado por la técnica, no se ha cumplido todavía, no ganamos tiempo ni para la calidad del tiempo ni para el descanso y se vuelven de este modo contra nosotros nuestros propios logros. La ciudad, escenario de nuestras prisas, usada compulsivamente a diario, es castigada al abandono de los fines de semana justo cuando se nos presenta más agradable, cuando quisiera devolvernos el tiempo robado.

Aristóteles, en su libro tercero de la política, define a la ciudad como *una urdimbre comunicativa*. Es la teoría de la amistad, *de la filia*.

Va a producirse, se esta produciendo de hecho, un cambio sustancial sobre la "comunicación" en la ciudad. Estamos realizando esfuerzos gigantescos *para no necesitar movernos*. (quizás nuestras piernas se acorten al tiempo que crece nuestra cabeza). A través de teléfonos, fax, ordenadores, internet, intranet, videoconferencias, etc. tratamos de eliminar la necesidad de desplazarnos, pues podemos hablar y ver a los otros, trabajar con otros o en grupo, seleccionar y adquirir cualquier objeto o bien de consumo, obtener completa información sobre cualquier cosa, recibir clases o acceder a los fondos de la más sofisticada biblioteca o mediateca audiovisual.

Tal vez lleguemos a trabajar en casa, como matizaba Oiza: tal vez *"volvamos" a trabajar en casa*, como ocurría en otros tiempos, recuperando la unión entre residencia y lugar de trabajo. Podremos comunicarnos con nuestros interlocutores profesionales o comerciales, con nuestros colaboradores, a través de medios audiovisuales cada vez más perfectos que nos ahorrarán desplazamientos, gastos de energía personal y un importante ahorro de tiempo.

¿Cómo evolucionará la ciudad en función de estos presupuestos?

¿Llegaremos *a la ciudad virtual*, una ciudad cuyo espacio será cibernético, un espacio de ondas y comunicaciones?

Podemos tal vez imaginarlo y anticipar respuestas:

Pensemos: mucha gente trabajando en sus casas en una parte importante del tiempo dedicado al trabajo; las reuniones y gestiones fuera se reducen al mínimo imprescindible; acceso fácil a toda la información; reducidos tiempos de transporte y desplazamientos; importante ahorro energético (el personal y de combustible); significativa reducción de gastos diarios. Las máquinas las pagaría la empresa o estaría incluido en los sueldos su amortización. Habría mucha oferta de superficie de oficinas muy baratas lo que permitiría instalarse a otras empresas jóvenes con menor coste, lo que animaría las iniciativas y crearía empleo. Mucha superficie terciaria se transformaría en tejido residencial.

Para la ciudad, un tráfico mucho más liviano, fin de los problemas agudos de las horas punta. Menor contaminación, los coches además serán eléctricos y silenciosos y la escasez del petróleo dejará de planear sobre las estrategias políticas. Menos prisas, menos agresividad, mejor humor.

Naturalmente tendremos la tentación de hacerlo mal: rebajar los sueldos ya que está la gente en sus casas y tiene menos gastos, no compensarles por la amortización de las máquinas, bonificaciones muy pequeñas por tener que adquirir una propiedad de más superficie donde desarrollar su trabajo. Presión inhumana en los plazos o en las exigencias del trabajo. Trato despersonalizado cuando no despótico en las relaciones laborales, aprovechamiento de la dispersión del personal para conculcar derechos. Desconocimiento de los compañeros, extrañamiento, soledad, etc. Podemos hacerlo mal y por lo tanto podremos, si somos inteligentes y solidarios, hacerlo bien.

Pero, ¿no añoraremos la presencia tangible, real, la cercanía de los otros? *¡Claro que sí!*... pero si escogemos la opción más inteligente los otros estarán más cerca.

La familia estará más tiempo junta, habrá más comunicación. Al salir a la calle encontraremos gente de todo tipo pues no estaremos en una ciudad solo dormitorio, ni en un parque empresarial. Habrá niños, jóvenes, ancianos, trabajadores y jubilados, amas y amos de casa. Conoceremos mejor a la gente y eso nos hará más solidarios La ciudad nos dejará oír sus rumores y su humano bullicio. Nos sentiremos más comprometidos con su limpieza, con su orden, con su belleza. Habrá barrio –ciudad dentro de la ciudad–. *Habremos recuperado la escala humana. Habremos recuperado la ciudad.*

Pero la gran ciudad que asume los barrios aún nos reservará nuevos encuentros. El tiempo rescatado a lo inútil nos hará volver a ella. Satisfechos de estar con nuestra gente saldremos a encontrarnos con los amigos, con los familiares distantes que un tiempo agotado nos impedía ver. Llenaremos los teatros, los cines, los museos, las exposiciones y los auditorios, ávidos de las nuevas experiencias con las que la ciudad compleja, activa y renovada podrá enriquecernos, porque otra vez tendremos tiempo, *el tiempo de calidad* para ese encuentro feliz. Volverán a tener sentido las plazas y las calles como lugar apropiado para ese encuentro como corresponde a nuestra tradición. Los cines, los teatros y los mercados se abrirán a ellas abandonando el deshilachado tejido de la periferia, en vez de encontrarnos –no nos encontramos– en un parking o en una playa de coches, nos encontraremos de nuevo con nuestra ciudad, la de siempre, *y habremos recuperado también la calidad de los espacios.*

Una persona amiga, desconocedora de la arquitectura, que trabajaba en el Gobierno Civil de Tarragona, la obra de Alejandro de la Sota, decía que siempre se había sentido a gusto en el edificio y que no sabía por qué. Estaba sin duda la mano del maestro.

El lugar pequeño que habitas, el edificio donde vives, trabajas, compras o empleas tu tiempo de ocio y también la ciudad, los lugares que recorres, calles, plazas o complejos nudos de esa urdimbre comunicativa, de esa filia, deben ser espacios agradables, pensados a la escala del hombre, espacios de calidad para vivir la calidad de un tiempo recuperado. Ese es el momento de la Arquitectura.

Sin duda Uds. deben pensar que en todo este tiempo me he estado refiriendo a Madrid. Es cierto. Madrid como referencia de otras ciudades semejantes o mayores con los mismos o mayores problemas. En las ciudades más pequeñas este problema no tiene la misma dimensión. Son ciudades que han conservado su escala humana. Ciudades que dominan y reconocen la medida de sus límites, donde se puede llegar caminando a casi todas partes, lo que proporciona una cadencia distinta del tiempo, donde se ha respetado, por lo general la calidad y el carácter de sus espacios. A veces, sólo una absurda emulación de la ciudad grande y sus problemas, como el uso injustificado del coche, ponen en peligro su armonía. En estas ciudades la nueva tecnología originará pocas transformaciones, porque no las necesitan.

A los habitantes de la ciudad que llamamos histórica –todas son históricas– les preocupa que los nuevos tiempos afecten la naturaleza y el carácter de su ciudad y de forma muy especial a su patrimonio arquitectónico. Conviene recordar que la ciudad histórica lo es por haber sido capaz de incorporar y asumir diferentes culturas de épocas distintas. Que solo una ciudad momificada admitiría mimetismos anacrónicos. La continuidad viva de la ciudad es una cuestión de entendimiento, de conocimiento, no de estilo. En esta misma ciudad de Toledo se han producido algunas de estas acciones de gran calidad arquitectónica que sin embargo han sido discutidas. El edificio de las Consejerías de Manuel de las Casas, El Archivo Municipal y Centro Cultural del Templo de San Marcos de Ignacio Mendaro y el acceso sobre la muralla proyectado por Elias Torres y Antonio Martinez Lapeña son magníficos ejemplos de Arquitectura con mayúsculas que suponen una aportación positiva y un enriquecimiento para la ciudad, aunque algunos aún no entiendan por qué.

He tratado de transmitirles en estos minutos lo que deseo y espero para el futuro de nuestras ciudades, un territorio fecundo en el que creo firmemente.

La ciudad será lo que sus habitantes, ciudadanos aprecien, y exijan de ella.

Habrá que estar sin embargo alerta y ayudar a superar sus lacras, el individualismo y el lucro como razón primera combatiéndolo desde la enseñanza en las aulas. No lo haremos con Planes de estudio que olvidan a la ciudad, al paisaje, a la creatividad, que relegan las Artes o las Humanidades a un valor residual.

La técnica es sólo un medio que puede devolvernos el tesoro del tiempo; que puede construir la calidad de los espacios pero que sólo nos aportará soluciones si aprendemos a utilizarla al servicio de un hombre que ha recuperado sus valores.

GAVIOTAS A LA BOLOGNESA

EURAU 2008. Comunicación, Aranjuez, C.C. Isabel de Farnesio,
17 enero de 2008.

Hace tiempo que veo gaviotas en Madrid. Las he visto en cualquier parte
del mundo. Lo inexpresivo de su gesto indiferente, si puede llamarse así,
me sugiere la parte más insípida de las dimensiones del espacio, esa que
solo habla de distancia.

Aparecen y se acomodan por Madrid en busca de comida, fuera de su
hábitat natural. Se posan con el mismo descaro sobre el gorro de un
Napoleón ecuestre junto al Sena, sobre un rebuscado motivo ornamental
de la Ciudad Prohibida pekinesa o en un parque de Helsinki, sordas ante
el bello monumento a Sibelius, el más venerado músico finés. Perfectas,
adaptables, eficaces, insípidas.

Nos muestran que estamos en el mismo único mundo, no demasiado grande, un poco más allá o un poco más acá. Habrá gaviotas en los países afri-
canos de la hambruna y la guerra permanente. Con la misma indiferencia
contemplarán estas miserias y aquella abundancia. No sabrán donde están.

Todo parece cuestión de lejanía o proximidad pero, kilómetro a kilómetro,
el tiempo ha ido dejando una huella distinta en cada lugar. La distancia,
cualificada por el tiempo, se ha hecho enorme.

Los hombres que habitan el extremo más favorecido, bien demostrado
esta, han preferido acentuar las diferencias antes que limarlas e igualar
las condiciones de vida de los pueblos. La inercia de las cosas y los intereses mezquinos han ensanchado las distancias, que hoy parecen mayores
que nunca. Tampoco han parecido nunca tan vacíos los "gestos" –*época de
gestos, de apariencias*– en busca de una solución a este drama humano de
gigantescas proporciones.

Hoy y desde hace años, Europa asiste, España es su frontera, a la desesperada invasión pacífica por parte de aquellos a los que primero explotó y
luego ignoró, incluso pagando para evitar su competencia. El éxodo solo
produce víctimas en los "invasores" sin que, al parecer, seamos siquiera
capaces de evitarlas.

Pensando en estas cosas, observaba desde la terraza de mi estudio un
avión que cruzaba el cielo bastante lejos y pensé lo interesante que

resultaría –desde el punto de vista estético– un relato que contara una historia recordada por uno de sus pasajeros, a la vez que otra que sucediese en tiempo real en ese avión y la que ocurriera en el interior de cualquier casa de las que forman parte del paisaje visible desde sus ventanillas. Así, varias historias encadenadas sin más relación que su simultaneidad en el tiempo. ¡El mismo tiempo, real o imaginario, en espacios tan distintos!

Algunas películas contemporáneas han acudido a estos relatos corales que ponen en evidencia las muchas caras de lo que llamamos realidad. Es una forma de captar lo más difícil: la conciencia de que el mundo que vivimos esta formado en realidad por millones de mundos simultáneos vividos por millones de seres distintos. Inmensidad de formas de sentir la realidad. Inmensidad de realidades fielmente reflejadas en las miradas captadas por los fotógrafos. Demasiadas veces lo único que les une es que suceden de forma sincrónica y lo que les separa infinitamente es su permanente divergencia, su irremediable extrañamiento.

El otro día escuchaba en "Redes" –que con "Metrópolis" es uno de los pocos programas que se pueden ver en TV– que una paloma –o una gaviota– pueden comer unas migas de pan sobre la hoja de un diario, pero no adquiere ninguna de las informaciones que contiene. No esta preparada para eso. El lenguaje es el gran atributo del ser humano, el que le permitió, comunicándose, defenderse, sobrevivir en los tiempos pretéritos y hacer evolucionar la especie. Cultivarse.

Hace algunos meses escuché y vi a una niña colombiana de unos doce años –que se ganaba la vida picando piedra para abrir una carretera– hablar un precioso castellano. Con un lenguaje claro, rico en matices y con palabras casi olvidadas en España, explicaba cómo transcurría su vida y hacia dónde se orientaban sus sencillas ilusiones.

Me resultaba inevitable compararlo con la forma –demasiado habitual– de comunicarse de mucha gente y también de los universitarios: un lenguaje tópico y sin alcance. Reductivo, con el uso de apenas tres centenares de palabras. Si existe correlación y parece que existe, este lenguaje empobrecido puede estar expresando de forma preocupante el empobrecimiento y falta de dimensión de las ideas.

Asistimos sin embargo a un desarrollo fantástico del mundo de la imagen, donde nuestros jóvenes parecen moverse más a gusto. ¿Estaremos cambiando definitivamente el lenguaje? ¿Dejará la palabra, escrita o hablada,

de ser el medio habitual de la transmisión de las ideas? Si juzgamos por el tiempo que han dedicado desde la niñez primero a laTV y después a la fascinación del ordenador y los videojuegos y lo comparamos con el tiempo dedicado a la lectura, la respuesta parece clara y es la consecuencia natural de la pérdida de rumbo educativo en los colegios y en las familias. Tal vez no hemos sabido hacerlos compatibles.

La palabra es medio bien antiguo del que conocemos en buena medida sus recursos. Desentrañamos la retórica y, mal que bien, nos defendemos más fácilmente de su cara oculta. Pero aún no conocemos suficientemente el poder de las imágenes. Su contenido semántico es un poderoso instrumento al servicio de cualquier idea. Lo que ya anticipaba el proverbio oriental se cumple hoy plenamente. Es creciente el deseo de los intereses económicos y políticos por utilizar y controlar los medios audiovisuales y servirse de las imágenes y su sugestivo lenguaje simbólico.

Es sustancia de la imagen la apariencia, donde fácilmente se oculta el engaño o, para ser más exactos, donde es más difícil descubrirlo que en la palabra. El nuevo vehículo de comunicación resulta difícil de desentrañar. Tener a mano una información tan extensa, diversa, sobre cualquier tema y que esta información este servida fundamentalmente por imágenes esta provocando un culto a la apariencia por encima de los contenidos.

El psicólogo norteamericano y profesor universitario Daniel G. Dennet explica que el autentico *poder* consiste en la posibilidad de cambiar las ideas de las personas, en conocer la mente del otro para poder manipularla y eso se consigue, sobre todo, entrando en su parte más emocional. Pero esto precisa para su cultivo una generalizada actitud acrítica. Así han arrastrado los dictadores a sus masas. Solo el conocimiento –en realidad, como diría Chillida, el deseo de conocer– nos hace fuertes para discernir y elegir. En definitiva para ser libres.

Desearíamos encontrar en la gente joven que ocupa nuestras aulas una generación capaz de enfrentarse con firmeza a los problemas más acuciantes. Capaz de percibir, sentir y reflexionar sobre el mundo heredado y de ofrecer soluciones a la injusticia de los millones de muertos por hambre y enfermedades, a las guerras y conflictos artificiales, tantas veces provocados para ganar áreas de influencia económica o para vender y ensayar armas.

Desearíamos formar jóvenes capaces de cambiar la orientación de la respuesta del mundo privilegiado.

Esto ocuparía, para mí, el primer orden de los objetivos universitarios.

Sin embargo, lo preocupante es que resulta difícil esperarlo de una parte significativa de nuestros jóvenes que, al menos colectivamente, parecen tener en la diversión inmediata su único objetivo más allá de los resultados de sus estudios. Esos problemas no forman parte de sus preocupaciones cotidianas, manteniendo una actitud acrítica y prefiriendo evitar y esconder todo intercambio de ideas detrás de una música alta en sus lugares de encuentro. Cuando no del alcohol o las drogas como medio de traspasar la frontera de una realidad a la que, impotentes, prefieren dar la espalda.

Solo son una parte, es cierto, pero, incluso en los más concienciados, también preocupa su pasividad de acción. Su actitud habitual rara vez va más allá de un comentario pasajero.

Exagerado o no, lo cierto es que, en lo cotidiano, se ha sustituido lo importante por lo gracioso casi sin darnos cuenta,[1] trivializando casi todo y ofreciendo la impresión de percibir y enjuiciar superficialmente las cosas. Es otra manera de dar la espalda.

¿No es este un escenario de indefensión, prólogo de otras dependencias y sometimientos?

Es complejo analizar de donde viene todo esto, cual ha sido su origen y su desarrollo temporal pero se ha acentuado, en todo caso, desde época relativamente reciente.

---

[1] Conservar el humor como defensa (H. Hesse) me parece otra cosa.

Parece como si las sufridas generaciones de las guerras y postguerras del recién pasado siglo hubieran querido imaginar para sus hijos una vida más fácil y que su libertad podrían obtenerla desde la despreocupación y la falta de compromiso. Ha habido en esto poco ejemplo y mucho abandono en las familias.

Pero también es la denuncia del fracaso de toda una cultura del éxito, del beneficio y del poder como objetivos, que ha dado como resultado el desinterés de los jóvenes y su mirada hacia otro lado ante una sociedad que presume de pragmática pero que, huérfana de idealismo, ni plantea ni resuelve los problemas.

La gaviota, aparentemente libre pero uniforme e indiferente y la actitud vital de la niña que trata de construir su libertad, pueden simbolizar los extremos de este paisaje.

Todo cambio es una oportunidad para la esperanza. Ninguna oportunidad de-be ser descuidada. Estamos en el umbral de importantes cambios en la Universidad por el reto del espacio común europeo a partir del Tratado de Bolonia.

Sin embargo, las noticias no dejan de intranquilizarnos, pues la deseable regeneración ética que podría proporcionar una Universidad más humanista, más atenta a lo formativo y lo creativo, al alcance de todos, parece que tendrá que esperar y ceder ante las prioridades de la producción y de la empresa, si atendemos a los modelos propuestos.

El Informe Tunning, coordinado por la Universidades de Deusto y Groningen –la antigua Gruninga– fija objetivos académicos para todas las Universidades del Espacio Europeo de Enseñanza Superior. El Informe propicia un modelo de docencia centrado en la adquisición de *competencias, habilidades* y *destrezas*.

Leemos en las noticias universitarias algunas opiniones:

Ángel Ignacio Pérez, catedrático de Didáctica de la Universidad de Málaga defiende que *"es necesario enfatizar el valor de uso de los conocimientos"*.

Al parecer *"la empresa prefiere un joven 'competente' que un 'sabio' (como si ambas cosas fueran incompatibles y se fomentara la investigación de ese modo)"*.

Uno de los dramas de la España contemporánea (otro es, sin duda, el abandono del campo y la producción agraria) es el desperdicio de generaciones de universitarios preparados y creativos, cuya capacidad ha chocado con la desidia empresarial para investigar e innovar y el poco acierto de los políticos, incapaces de entender que nuestro futuro pasa por superar el negocio fácil, la arraigada *"cultura del pelotazo"*, y crear un tejido industrial basado en la investigación y la novedad creativa.

La falta de apoyos al espíritu emprendedor y la investigación esta haciendo emigrar a nuestros jóvenes mejor preparados y supone la peor hipoteca para nuestro futuro.

Ana Rioja, profesora de Filosofía de la Ciencia de la Complutense, en nombre de ACME (Asamblea contra la mercantilización de la Educación) puntualiza:

> *"Lo que esta en juego es la propia Universidad como Institución que genera y transmite conocimientos frente a una Institución subordinada a las demandas de los empleadores y las empresas."*

No sé si una formación eficaz nos devolverá aquella esperanza en esta y próximas generaciones. La palabra eficaz debería ir acompañada siempre de una explicación: para qué; para quién.

Si analizamos los conceptos de competencia, eficacia y destreza a la luz de la empresa, llegamos a leer entre líneas una definición aclaratoria de los objetivos:

> *"Las Universidades deben formar individuos competentes, capaces de colaborar eficazmente en el objetivo de las empresas por hacerse con una mayor cuota del mercado."*

Está claro, la Europa de los mercaderes ha decidido utilizar su influencia, su poder, para moldear la Universidad a su imagen y semejanza.

Ante lo impopular de recortar la inversión en la Universidad Pública, al alcance de todos, se ha decidido degradarla a la americana, estableciendo un primer nivel de *graduación* de perfil bajo que aporte profesionales *eficaces, ejecutivos* y *baratos* a las empresas, mientras se reserva, no se a que precio, otros grados de formación, *master* y *doctorado*, seguramente más rentables para las Universidades y que serán rápidamente valorados en el sector productivo en detrimento de aquellos.

La devaluación del primer grado –único realmente publico al alcance de una economía limitada– no solo es probable sino predecible. El modelo americano a seguir lo demuestra: Hace años tuve en mi estudio profesional a dos graduados en el primer grado de Arquitectura de Harvard que de ninguna manera superaban el nivel medio del tercer curso de la Escuela de Madrid. En definitiva, un gran fraude, una Universidad que conservará de tal solo el eufemismo del nombre.

El diagnóstico, al menos en España, es además, equivocado. Suena bien decirles a las familias que todos accederán a la Universidad, cuando lo que el país necesita a gritos es una Formación profesional que recupere los oficios, hoy mal formados, cuando no perdidos.

También es esperable que a medio plazo, como en Estados Unidos, la Universidad Publica pierda progresivamente relevancia frente a la privada. Ahí puede estar, probablemente otro de los objetivos de esta operación.

Me resulta difícil entender a la vieja Europa, abdicando de forma tan sumisa de su propia historia, renunciando a sus propios logros, sustituyendo el original por la burda copia, cuando esta ni siquiera muestra buena salud ni ha sido capaz de aportar soluciones.

No creo que una Universidad al servicio de la misma idea que esta haciendo fracasar a Europa respecto de aquellos objetivos enunciados tenga ninguna respuesta nueva que ofrecernos. La Universidad es la esperanza para superar este mundo mercantilizado e injusto, nunca un instrumento a su servicio. ¿Estamos realmente dispuestos a permitirlo? Tomemos esto como una oportunidad –puede serlo– para mejorar cosas en nuestras Escuelas y no abdicar definitivamente.

Ninguna eficaz gaviota aprenderá a reflexionar sobre su existencia y aún menos sobre la de otros.

La niña colombiana, aspirante a *invasora*, seguirá necesitando de las palabras para sobrevivir. Probablemente esa sea la auténtica esperanza.

1 DE MARZO EN DUBAI

Ya es 1 de marzo (de 2009) y estreno mes en el aeropuerto de Dubai. No he podido ver nada de la "ciudad espectáculo" pues son las tres y cuarto de la mañana (en Madrid serán ahora tres horas menos). A estas horas suele estar oscuro en todas partes y aquí, a juzgar por las caras, un poco más aún.

Aunque la nueva terminal del aeropuerto no esta mal (es mejor la T-4) el aeropuerto es un poco caótico. Veníamos de Londres en un gigantesco Boeing 777-300 con más de 400 personas. Han transcurrido casi 25 minutos desde que hemos tomado tierra hasta que hemos podido salir del avión. En ese tiempo nos han *paseado* por todo el aeropuerto como buscando aparcamiento –esa sensación también la he sentido en Barajas en alguna ocasión–. Finalmente nos ha dejado en ningún sitio, para otros veinte minutos de autobús. El avión, para llegar a la "terminal", ha cruzado una pista de despegue, parándose a medio camino ¡para que despegara otro avión! Algún día pasará algo...

Han pasado unas horas y ahora estoy camino de Ahmedabad en otro Boeing, el 777-200, hermano pequeño-pero poco- del anterior; este tiene 8 butacas por fila y el 300, diez... El ala es tan grande en aquel modelo, que parecía ajena al resto, imposible de pertenecer al cuerpo del avión y mantenerse con la presión del aire...

PRIMER DÍA EN AHMEDABAD
Las calles, las autopistas y la forma de conducir

Ahmadabad, en un Riskshaw

Uno se acaba acostumbrando, pero las primeras sensaciones al ser *transportado* por un vehículo en Ahmedabad (en la India en general) es de que no terminarás el viaje sano.

Lo primero es lo raro que se hace la conducción por la izquierda, aunque ya tenga otras experiencias en Inglaterra. Sin embargo, lo de *la izquierda* es aquí relativo: se conduce *principalmente por la izquierda* pero no es infrecuente, todo lo contrario, encontrar vehículos –motos, bicis, riskshaws, coches, etc.–, que vienen en nuestra contra por el mismo camino. La desazón, hasta que te acostumbras, llega con el primer cruce: salvo pocos lugares, tres o cuatro en la ciudad (de seis millones de habitantes), con semáforo o guardia, en los demás, vehículos de todo tipo, personas andando y naturalmente vacas en libertad, se cruzan en todas direcciones y sentidos sin tocarse. Pasan a veces a 3 o 4 cm. No frenan hasta que no hay más remedio y es constante la sensación de que acabarás chocando o atropellando a alguien.

En 12 días en esta ciudad no he tenido –ni he visto– ningún percance, pese a lo extraordinariamente poblada y bulliciosa que es la ciudad. Parece imposible viendo como conduce la gente. En realidad se parece más a una pista de coches de choque que a una ciudad, por mínimo orden que ésta tenga. Ver como en medio de 100 vehículos, cada uno a su bola, circula una vaca impertérrita –o un elefante– sobrecoge. No digamos una persona cruzando. Tal vez una de las cosas que más sorprende es que nadie se enfada por las "putadas" que se hacen constantemente. Se asume la ley de la selva. Todo ello dentro del guirigay de bocinas, pues no paran de pitarse unos a otros.

Se descubre así, con sorpresa o pánico, una ciudad ruidosa y caótica, regida por no se sabe que ley, la indudable habilidad de sus protagonistas y seguramente un poco de suerte.

SLUM
4 de marzo de 2009

Una calle principal de Ahmadabad.
La más elemental casa

La vegetación más voluptuosa, que envuelve en su sombra bellos sonidos de pájaros y los olores más refinados, que tan cerca nos sitúa de las descripciones poéticas del paraíso en todas las culturas, termina contenida por el muro de la cerca.

En su trasdós, unos clavos y unas cuerdas para colgar cosas configuran la más elemental forma de casa, el mínimo lugar habitable alrededor del cual se amontonan, ocupando la calle, personas, animales, enseres imprescindibles y con frecuencia, la mínima unidad de producción de la que se obtiene el sustento.

El todo y la nada, los perfumes vacíos y el hedor lleno de la vida, infinitamente separados –o unidos– por unos centímetros de ladrillo.

Para el observador sensible, Ahmedabad –la India– representa el lugar en el que la distancia entre el cielo y el infierno es un giro de cabeza.

Niña trabajadora en el Slum del Shabarmati

Hoy hemos realizado en grupo una visita a la casa Sharabai, obra de la tardía etapa india de Le Corbusier. Dejaré todas las sensaciones de esta casa extraordinaria para otro momento. Solo la refiero como refuerzo del contraste con la visita anterior, como el lado amable del muro.

Por la mañana he visitado con Carmen y Javier, del grupo de alumnos de la Escuela, el Slum junto al río Shabarmathi. Ellos necesitaban tomar datos para su trabajo de curso.

Nuestros pasos han serpenteado entre la gente y los jirones de una forma de vida, entre la alegría y el bullicio por la novedad de nuestra presencia y algún gesto de recelo ante la invasión de lo íntimo, ante la percepción, tal vez por su parte, de una trivialización, por la nuestra, de su profunda dignidad.

Nuestro sacudido espíritu se deslizaba y oscilaba entre un instintivo temor al contacto y el impulso de responder a cada mirada con una caricia.

Porque estábamos rodeados de miradas en cada una de las cuales latía y sentíamos latir lo más profundo y auténtico del ser humano, todo aquello que nos hace definitivamente iguales, más allá de las evidentes diferencias culturales o de circunstancia.

Este Slum esta amenazado, condenado, a su inminente derribo, como ha ocurrido ya en el otro margen, debido a la construcción de los diques y obras de urbanización. Además de sanear esta área central de la ciudad junto al rio, habrá, seguro, alguna razón especulativa.

La forma de vida esta tan consolidada que cuando el Slum se derribe se derriban con él los escenarios de vida de muchas familias. Conscientes, o no tanto, de sus limitaciones, les gusta vivir así, tal vez porque el Slum es su única oportunidad de equilibrio entre unos medios muy escasos y el máximo –óptimo– que puede conseguirse con ellos.

La rotura del Slum es por tanto la disolución de un equilibrio difícil de restablecer a corto o incluso a medio plazo. Sus habitantes habrán de enfrentarse no solo al desarraigo de un medio físico distinto sino a la fractura dramática de una forma de vida destilada a través de generaciones.

Todo un reto para la respuesta social a la dignidad de estos grupos humanos. ¡Qué bello reto arquitectónico –qué oportunidad– construir nuevos espacios, con mejores medios constructivos y mejores condiciones sanitarias, en los que no se pierda nada de tanto valioso, en los que puedan reconocerse!

Viaje de regreso a Madrid, 13 de marzo de 2009

Han transcurrido los 14 días de mi estancia en la India.

Cuando Luis e Ismael me advertían de que La India "engancha" me resultaba difícil de creer. Las noticias y las imágenes de ese país anunciaban más bien el problema de enfrentarse, con dolor, a una situación humana difícil de asimilar: la visión de unas condiciones de vida cercanas al límite. Pensaba que eso me produciría, sin quererlo, una reacción de rechazo espontáneo o, al menos, el deseo de mantenerme alejado, de considerar este acercamiento como algo excepcional.

No sé si tendré ocasión de volver a la India pues el tiempo empieza a escasear por delante y el desgaste que supone de viajes y de tiempo lo hará difícil. Pero ahora puedo decir que me encantaría la idea de volver, probablemente porque he encontrado bastante verdad en esta forma de vida esencial, despojada de todo lo que es prescindible. También por la mirada, por los ojos de la gente, por la profunda alegría y la profunda tristeza, extremos ambos reales, sinceros, en la percepción de su propia vida.

Lo veo aun más claro desde las modernas salas de este aeropuerto, donde todos los objetos lujosos de los que hemos rodeado nuestras vidas están al alcance. Es duro el contraste que nos sacude al regresar de la India pasando por este aeropuerto. Recuerdo alguna imagen reciente, de ayer o anteayer, en las calles de Ahmedabad, de niños casi desnudos, rebozados en suciedad sobre suciedad, debajo justo de un enorme cartel con todo el glamour de Penélope Cruz.

Todo estaba probablemente en los ojos maravillosos de esa niña del Slum del Shabarmati.

REFLEXIONES

Por mucho que uno se esconda, siempre te encontrará alguien que te odia, siempre te encontrará alguien que te ama.

(Al hilo de la lectura de *La Ignorancia*, de Kundera)

....

La vida: ¿cuántas decenas de años, cuántos miles de horas, cuántos millones de segundos? ¿Cuántos latidos?

El tiempo no ha aprendido a medir el espíritu. No le hagamos caso.

....

Dice **CHILLIDA:**

(Algunas de las frases que más me han impresionado. Impresionantes.)

Lo hice mejor porque no lo conocía e iba cargado de dudas y de asombro.

La mar es movimiento desde la roca fija.

En el extremo de lo agudo, el silencio, Atravesar el espacio silenciosamente. Conseguir la vibración muda.

Estando bien a la escucha de lo que quiere salir, sale. No sale lo que yo quiero.

Algo que yo no sé sabe la hoja que vibra en aquella rama.

Eduardo Chillida. *Escritos*

SOBRE LA TV

25 de enero de 2009

Es sorprendente como se han invertido las opciones y expectativas entre la radio y la TV. Esta nació aportando imagen a la voz, completando de este modo la percepción de la realidad. Pareció que la radio iría a menos.

Hoy la radio tiene, en general, mucha más calidad que la TV precisamente *porque carece de imagen*. En efecto, TV utiliza la imagen empobreciendo cada vez más la palabra, envileciendo el mensaje y renegando del valor de la transmisión del conocimiento en beneficio del *cotilleo* y de la búsqueda de los resultados de audiencia. Aunque existen aún, son pocos los ejemplos contrarios. Para ello no se duda en acentuar lo que embrutece. Parece claro el rendimiento económico de ese proceso: el ciudadano de mente empobrecida, interesado en lo que carece de interés, es el mejor consumidor de los productos de aún menor calidad que seguirán a continuación... ¿y así hasta...? Necesito creer en que todo esto acabe cansando. Comienza a haber cadenas que se especializan en otras cosas... poco a poco. De momento, por lo común, para ver algo de interés, hay que esperar a que la mayoría duerma.

CUENTO BREVE
23-10-2010

Un hombre esperaba la llegada del tren. Un tren que le llevaría al destino que se había propuesto. No sabía a ciencia cierta lo que le esperaba al final del viaje pero sí que llevaba años de esfuerzo para conseguirlo y que merecía la pena averiguarlo. Por fin estaba a punto de tomar ese tren.

El hombre había elegido, para esperar, un asiento natural, una piedra con tal forma que le hacía sentirse cómodo, a una cierta distancia de la estación. Desde aquí puedo ver llegar el tren, pensó, y disfrutar intensamente de esos momentos previos –cuando más se disfruta– a cualquier cosa que deseamos alcanzar.

El lugar donde se sentaba era tan apetecible, tranquilo, cómodo, soleado, que le permitía dedicar los largos tiempos de espera a la lectura de sus libros favoritos y, cuando no, sumergirse en sus pensamientos, recordar conversaciones recientes con sus amigos y personas queridas.

El asiento buscado era en realidad una atalaya, pues estaba en lo alto de una colina, a unos 500 m del andén. Desde allí podía apreciar, además, la belleza del paisaje.

... pero llevaba ya varios intentos para tomar el tren. Había perdido muchos pues, desde el lugar elegido, le llevaba varios minutos bajar por la colina hasta el andén. Había que hacerlo con cuidado para no correr riesgos y llegaba siempre... cuando el tren acababa de marcharse.

Pensó muchas veces en acercar su lugar de espera, asegurarse de que, esta vez, el tren no se marcharía sin él. Pero... ¿cómo abandonar aquel lugar de privilegio? ¿Cómo renunciar a disfrutar de todas las cosas que le proporcionaba? ¿Podría ser él mismo sin todo eso?

Acababa de ocurrir otra vez y estos pensamientos, agitándole, le dejaron agotado. Reposó la espalda y la cabeza en el cómodo lecho natural y se quedó profundamente dormido. Sin embargo aparecieron sueños algo convulsos de paisajes que se derrumbaban al paso del tren, montañas de libros que taponaban la salida del túnel por el que discurría. De repente, el sueño derivó a que todo: trenes, libros, conversaciones, amigos, ¡el mundo entero!, giraba alrededor de esa colina, con él mismo y su cómodo asiento como centro.

Despertó sudando. Había una luz muy oscura, había caído mucho la tarde.

No reconoció del todo el paisaje, su reloj no funcionaba, y no vio sus libros por ningún lado. Encendió el móvil y explotando los casi inexistentes recursos de la batería, observó que los últimos mensajes de sus amigos tenían fecha de varios meses atrás. Se asustó, se levantó y empezó a caminar. Bajando la colina vio, dispersos, restos de páginas emborronadas de libros que el viento, la lluvia, el tiempo, la vida, se habían encargado de alejar de él. Pensó, incrédulo: ¿Que he hecho yo mal para que las cosas que amo, que forman parte de mí, se alejen o dispersen? Su conciencia no le había enviado señales de que nada malo hubiera hecho; sólo había dado rienda suelta a una sensibilidad grande, a un afán de sentir, conocer, disfrutar y compartir con sus amigos tantas cosas que la vida le ofrecía...

Se había hecho de noche. Nunca se había hecho de noche antes en todas sus vigilias. Comenzó a entender –la noche le hablaba con elocuencia– cual podría haber sido su error. No había terminado de comprender, hasta ahora, el valor del tiempo y que todas las cosas que le interesaban iban prendidas de ese tiempo, inseparables de su discurrir y que todas esas maravillas que formaban parte de él podrían escaparse, porque el tiempo arrastra la vida. Que tal vez era necesario volver a subirse al tiempo, encontrar en ese tiempo otros resortes, otras posibilidades, otras etapas. Tal vez había tenido miedo de que ese viaje le arrastrara a ser de una forma distinta, a perder su paisaje y su atalaya. Tal vez había elegido un lugar lejano... para no llegar nunca a ese tren que le llevaba a enfrentarse a lo desconocido.

Agradeció a la noche que le mostrara cómo el tiempo transcurría y se escapaba, llevándose las cosas que le importaban... porque ellas acompañaban al tiempo a todas partes.

Empezó a sospechar que subirse al tiempo significaba recuperar aquello por lo que se había esforzado y preparado. Que encontraría a los demás, a su mundo, también en esos nuevos paisajes y que aunque tuviera que compartir ese tiempo con la *Dificultad Provocadora de Quebrantos*, vencerla era un reto y podría ofrecer la victoria a sus amigos, ofrecer este logro a los demás... Y a sí mismo.

Si lo hacía bien y era listo, podría emplear tiempo rescatado –reducido sin duda, eso sí– para seguir siendo él mismo sin renunciar a nada, pero ofreciendo a los demás *Logros del Hacer* que los demás necesitaban y que resultaban imposibles si permanecía sentado, sólo contemplando tanta belleza.

...Terminó de bajar de la colina. Se había hecho ya casi de día. Llegó a la estación y preguntó: ¿Sigue pasando el tren para...? Sí, tiene parada aquí esta misma tarde. Gracias... por favor, déme el asiento más incómodo...

THE EXCELLENT NEWS

DIARIO DE TODOS LOS DÍAS INCLUIDO ÉSTE.
Aún no fundado pero todo se andará. Solo buenas noticias.

Depósito ilegal: 9 de enero de 2006

Amarillo: cambios en la organización interior de los centros
DE NUESTRA CENTRAL

La dirección central de la conocida empresa AMARILLO ha dado a conocer a los medios de comunicación su intención de reestructurar la totalidad de sus centros comerciales para proporcionar una mayor comodidad a sus clientes, pues considera que ya les ha "torturado" suficiente y que de seguir así el cabreo podría redundar en una pérdida significativa de beneficios en un sector tan competitivo como éste.

De forma paulatina los centros comerciales (a los españoles les tocará el próximo verano) cambiarán la rebuscada forma de ser recorridos por una estructura más clara, con un gran eje central de perfecta visibilidad y otros secundarios organizados de forma temática y perfectamente señalizados. Todo para que los clientes que solo van a comprar un cazo vayan al pasillo de cazos y luego puedan escaparse tan fresquitos y en el mejor de los casos, cuando vayan a comprarse una silla, una mesa y una papelera, no salgan a cambio, inexplicablemente, con dos alfombrillas de baño (una para la casa de la sierra) una lámpara de pie y una tumbona que no les cabe en ningún sitio.

Se han dado varios casos de suicidio al llegar a casa y recapacitar sobre la inutilidad de lo comprado y el mal uso de los ahorros del año (¡con la falta que les hacía la silla y la mesa!). No obstante el mayor número de percances se ha producido dentro de las propias tiendas, pues se registran en España más de ochocientos casos de locura transitoria (tras fase de desorientación, depresión y lloros inconsolables) al no encontrar la salida. Ciento cuarenta personas (entre empleados y gente normal que vestía de amarillo) fueron atacados por estos enajenados –dispuestos a todo– y hubieron de ser curados en los hospitales de heridas de diferente consideración.

La frecuencia creciente de estos hechos ha llevado a recapacitar a la dirección de la empresa que, incluso, repartirá planitos directores explicativos con las áreas de exposición y las salidas para que todo resulte más sencillo. AMARILLO continúa por tanto en su línea tradicional de pensar siempre en el cliente.

Sorpresa: los cardos borriqueros

Los despreciados cardos borriqueros de las cunetas de nuestras carreteras contienen una sustancia de muy alto valor medicinal. Su aprovechamiento por la industria farmacéutica va a transformar la economía de zonas deprimidas y secarrales sin explotación agrícola hasta el momento, que verán en este recurso insospechado un futuro de esperanza.

África. Globos nutritivos
CORRESPONSAL

Según noticias conjuntas de la FAO y UNICEF los últimos logros en nutrición pueden llegar a permitir que todos los niños del mundo lleguen a estar aceptablemente alimentados. Cereales con alto contenido de vitaminas y proteínas de muy bajo costo de producción podrán ser almacenados sin degradarse y ser repartidos en bolsas de un material estable de diferentes colores. Una vez vacías pueden inflarse y sirven para jugar como globos.

El cielo de África y de tantas partes del mundo se llenará de globos de colores. Serán signo y muestra de la alegría de los niños y del mundo por vencer lo que parecía –pero no era ni nunca lo fue– imposible.

Cuando los niños se cansen de jugar con los globos podrán comérselos pues son de origen natural y cada color tiene un dulce sabor distinto. Por fin la ciencia parece cumplir con su principal objetivo.

Nueva generación de G.P.S.
DPTO. INNOVACIÓN

Se esta terminando de desarrollar una nueva generación de G.P.S. que será capaz de detectar los desvíos de la M-30 y la posición exacta de baches y barrancos. Una variante, más cara, identificará de lejos a los que cogen el coche una vez al trimestre. El proyecto ha sido financiado por la Mutua Madrileña Automovilista, que lo regalará a sus mutualistas, como inversión de futuro.

Reducción de centros de Grandes Almacenes
REDACCIÓN

En una decisión llena de sensatez y sentido cívico Grandes Almacenes ha renunciado a construir varios nuevos centros comerciales previstos en las salidas de carreteras que aún faltaban por colapsar.

Se siguen de este modo por la alta dirección de la empresa las repetidas recomendaciones de la Asociación Nacional de Psiquiatras, hechas no tanto por la preocupación de las alteraciones psíquicas que provoca el estrés vespertino en los alrededores de estos centros sino por las frecuentes anulaciones de las consultas de los miles y miles de pacientes que ya no tienen remedio pero que no llegan a tiempo por los atascos.

Pero, ¿qué interés puede tener grandes Almacenes en hacer caso a los psiquiatras? Un ciudadano estresado y sin el auxilio del facultativo cualquier día puede pensar en –recordar– las antiguas tiendas de la calle, con su fresquito natural en la cara, el olor a castañas asadas, las luces de la ciudad, la mayor vivacidad de la gente en la aceras, incluso la posibilidad –ya única– de fumarse un cigarro. Puede ir en Metro y andar que es muy sano. Un peligro.

 Han llegado a preocuparse y prefieren a partir de ahora mejorar lo que tienen, organizarlo todo con más amplitud y poner en marcha un proyecto innovador: la calle de tiendas. Todo un hallazgo.

Los desiertos. Futuros vergeles
DESDE ARIZONA. CLEMENCE ARISTON

Científicos de la Universidad de Pasadena han descubierto minúsculos microorganismos no advertidos hasta ahora entre las arenas de las zonas más áridas del desierto.

Debidamente activados por bacterias inocuas compatibles con su estructura celular, estos microorganismos podrían tomar prestadas moléculas de agua de aquellas y desarrollar procesos químicos de fotosíntesis contando con que la luz del sol la tienen hasta hartarse.

De confirmarse estas expectativas podríamos encontrarnos dentro de veinticinco años con que el color del desierto pasara a verde amarillento, se crearía una cierta capa vegetal, los twaregs quedarían más entonados en tonos fríos, veríamos proliferar las hormigas, los pájaros que se las comen, los animalejos que comen pájaros y los leones que comen animalejos, las cacerías de leones (parece que lo Extremadura es un ensayo) y recuperar toda una cadena biológica perdida. Sobraría arena pero puede emplearse para revocar fachadas en mal estado en las medinas de las ciudades cercanas.

DESCONCIERTO O DESVERGÜENZA... O LAS DOS COSAS
Publicado en el blog talle_j.msanz. 24 de junio de 2011

Ayer vi en televisión un escalofriante reportaje sobre Kenia. Un misionero casi octogenario, mediante limosnas e ingenio, se las ha apañado para captar primero y conducir después el agua pura desde los manantiales de las montañas hasta pueblos y aldeas. Esa labor ingente de cuarenta años ha permitido que doscientas cincuenta mil personas –una pequeña parte de los que lo necesitan– tengan agua potable cerca de sus casas y aldeas pues, hasta ahora, estas miles de personas, sobre todo las mujeres y las niñas, (no educación=machismo) dejando hogar y escuelas, hacían A DIARIO decenas de kilómetros de ida y vuelta para que su familia no murieran de todas las enfermedades infecciosas que provocan las aguas contaminadas que bebían –y beben aun, la mayoría–.

Kenia fue una colonia inglesa y toda África ha sido colonia de algún país... europeo.

Además de explotar sus recursos mineros, además de no revertir apenas en infraestructuras para esos países los beneficios obtenidos, además de no crear el tejido productivo para que después de su independencia pudieran sobrevivir, además de estar entregando HOY fondos con la condición de que no se desarrollen cultivos y producción que harían la competencia a los europeos, además de favorecer guerras tribales para una más barata explotación del COLTAN en la R.D. de El Congo (más de dos millones de muertos por un material que sirve para los teléfonos móviles, todo tipo de aparatos electrónicos, videojuegos, proyectiles perforantes y misiles de largo alcance). Además de no exportar (tan europea) una estructura social democrática que habría de nacer del desarrollo educativo. Además de entregar el poder a familias mafiosas que, aprovechándose de lo anterior, rápidamente se hacen con aquellos fondos y con todo lo que pillen. Además... ¿Qué ha hecho Europa por África? ¿Qué está haciendo? Creo que ahora, cerrar su fronteras...

Según las estadísticas más optimistas ¡¡¡¡5.000 niños mueren CADA DIA (en TV dijeron cada hora, espero que se equivocaran) en África!!!!, por falta de agua o por enfermedades del agua contaminada. ¿Hará falta que se produzca un terremoto o un sunami para que nos acordemos de ellos?

Europa, en concierto universal, esta preocupadísima por que el mundo financiero no pierda sus beneficios y privilegios (el SUELDO MENSUAL de un alto dirigente financiero europeo (o americano, o...) es mayor que lo obtenido de limosnas por aquel misionero durante esos cuarenta años...) pero menos preocupada (no vayan a bajar sus beneficios) por sostener con créditos blandos a las empresas para no tener millones de trabajadores despedidos y todo su drama humano. (Después de lo de África, lo veíamos venir).

Europa, (sus poderes fácticos, claro), que tanto se ha "preocupado" por África, que ha sido capaz de engendrar centenares de políticos ineptos, y colaborar, con otros, a hacer del mejor y más potente medio informativo y educativo, laTV, el más poderoso medio de embrutecimiento universal... se debate desesperada en como salvar a Grecia, a Irlanda, a... En medio de todo esto, ayer se celebró en Estrasburgo –ver las noticias– una Misa por Europa (?). Espero que no estén confundidas las intenciones de esta oración.

Alguno pensará, suele ocurrir, que esto es demagogia... Desde luego no lo piensan los de allí.

Cada uno de nosotros somos también responsables, por acción o por estar consintiendo que el mundo se mueva por lo que se mueve sin hacer demasiado por evitarlo. Parece que hay un movimiento real contra ello, estamos indignados (pero no todos por lo mismo, nos llevaríamos sorpresas). Es un movimiento tan real como fácilmente manipulable (es muy fácil conseguir algún beneficio porque se proteste por el hambre cuando hay hambre). Hay especialistas. Cuidado. Que cada uno se esfuerce e intente ser ético con lo que hace, sin compañías inaceptables. Que sólo nos indignemos cuando llegan a nosotros las dificultades es un mal síntoma.

No se me ocurre nada mejor que deciros, tal como están las cosas. Tampoco quería callarme.

¿SERÁ ESTA VEZ DE VERDAD?

*Sobre la concentración a partir del 15 de mayo de 2011 en la Puerta el Sol e
Madrid y otros lugares de España de indignados-democracia real*

Hora es ya de cambiar este mundo absurdo y egoísta.

Para esto será necesario reflexionar precisamente sobre el significado de
las tres palabras: "cambiar" "absurdo" y "egoísta" es decir no cambiar
para reinventar las mismas cosas, entender lo absurdas que son ese
barranco de decisiones habituales que nos separan del ser humano y darnos cuenta de lo que supone, en el día a día, anteponer los intereses personales a los de la comunidad.

Lo único que no me gusta de lo que esta ocurriendo es que pasa en nuestro
mundo occidental cuando nos tocan el bolsillo, cuando vemos la necesidad y
el peso de la dificultad en nuestra espalda. En los "mundos" que nos rodean
sucede desde siempre, ante nuestros ojos, ante nuestra indiferencia.

¿Será esta vez de verdad? ¿Nos habremos vuelto de repente generosos?...
Hace tres años escribía ("gaviotas a la bolognesa"):

"Desearíamos encontrar en la gente joven que ocupa nuestras aulas una
generación capaz de enfrentarse con firmeza a los problemas más acuciantes. Capaz de percibir, sentir y reflexionar sobre el mundo heredado y
de ofrecer soluciones a la injusticia de los millones de muertos por hambre y enfermedades, a las guerras y conflictos artificiales, tantas veces
provocados para ganar áreas de influencia económica o para vender y
ensayar armas.

Desearíamos formar jóvenes capaces de cambiar la orientación de la respuesta del mundo privilegiado.

Esto ocuparía, para mí, el primer orden de los objetivos universitarios."

Es hermoso pensar que seremos capaces. No será nada fácil. Por el contrario será complicado no caer en los mismos errores.

Pero es cierto: Ya es hermoso empezar.